독 해 의 중 요 성

독해의 정의

글을 읽어 이해하는 것을 '독해'라고 합니다. 문자 언어로 되어 있는 정보를 읽고 이해하는 능력 없이는 어떤 학습도 제대로 해낼 수 없습니다. 독해는 모든 학습의 기초입니다.

독해의 과정

사실적 읽기 · 비판적 읽기

문자 → 이해 → 감상, 비평

글의 내용을 이해하는 데에 그치지 않고 스스로 비판하며 읽는 능력을 키웁니다. 본 교재는 글을 읽고 내용을 파악하는 '사실적 읽기'에서, 이해한 내용으로 자신의 생각을 정립하는 '비판적 읽기'로 나아갑니다.

독해의 방법

초등학생 때에는 여러 장르의 글을 읽어 배경지식과 글 읽는 방법을 습득하는 것이 좋습니다. 본 교재는 설명하는 글, 생각을 나타내는 글, 인물 이야기, 시, 동화와 같이 다양한 글을 정확하게 이해하는 데에 중점을 두었습니다. 구체적으로는, 핵심어와 주제 찾기, 내용 파악, 요약하기 등이 있습니다. 이렇게 파악한 내용을 바탕으로, 앞뒤 내용을 살펴 추론하기, 감상, 적용 등 다양한 문제를 풀어 나갈 수 있습니다.

초등 국어
독해력 비타민의 특징

학습 단계를 학습자 수준에 맞게 선택할 수 있습니다.

본 교재는 모두 여섯 단계로 구성되었습니다. 각 학년의 교육 과정과 연계하여 만들었으므로 자신의 학년에 맞는 단계를 선택하는 것을 권장합니다. 그러나 어린이 학습 능력에 따라 단계를 달리 선택할 수 있습니다.

다양한 장르와 폭넓은 소재에 대한 적응력을 기릅니다.

종합적인 독해 능력 향상을 위해 문학과 비문학의 글을 고루 실었고, 그 내용도 문화, 정치, 역사, 예술, 사회, 경제, 과학, 인물 등 다양합니다.

독해 방법을 쉽게 배울 수 있습니다.

핵심어 찾기, 주제 파악하기, 제목 짓기, 글 구조 이해하기 등 다양한 문제를 풀면서 독해 능력을 기를 수 있습니다.

자기 주도 학습을 할 수 있습니다.

매회 틀린 문제를 확인할 수 있도록 '자기 주도 학습 점검표'를 만들어 두었습니다. 어린이 스스로 본인의 부족한 면을 점검할 수 있습니다.

능동적인 글 읽기를 할 수 있습니다.

독해의 목표는, 글쓴이가 무슨 의도로 글을 썼는지 이해하는 것에서 출발하여, 자신의 생각을 바로 세우거나 상상의 날개를 펼치는 것까지입니다. 본 교재는 이 모든 측면을 고려하여 만들었습니다.

배경지식을 넓힐 수 있습니다.

글에 대한 이해력뿐 아니라 풍부한 지식이 있어야 독해를 잘할 수 있습니다. 본 교재는 다양한 주제의 글을 실어 글의 이해와 함께 글과 관련한 여러 지식을 쌓을 수 있도록 돕습니다.

지도 방법

본 교재는 기본적으로 어린이가 스스로 공부할 수 있도록 구성하였습니다.
그러나 부모님이나 교사가 지도하신다면 다음을 참고하세요.

1. 글의 종류 및 난이도에 따라 제시문을 배치했습니다.
집중적인 학습을 원한다면 한 장르를 모두 끝내고 다음 장르로 넘어가세요.
다양한 글에 대한 적응력을 키우고자 한다면 순서에 상관없이 여러 장르를
번갈아 학습해도 좋습니다.

2. 출제 의도에 따른 [자기 주도 점검표]가 있습니다.
점검표에서 틀린 항목을 골라 그 출제 의도가 무엇인지 설명해 주세요.

출제 의도

문제마다 출제 의도를 밝혀 이해를 돕고 있습니다.
제시문의 특성에 맞게 문제 유형을 달리하여 독해의 방향을 제시하였습니다.
즉각적인 피드백을 통해 학생의 강점과 약점을 파악하여
독해 전략을 세우는 데에 길잡이가 됩니다.

다음은 본 교재에 나오는 [출제 의도]에 따른 문제 유형의 예입니다.

핵심어	글에서 가장 중요한 낱말.	**어휘**	글에 나온 낱말 뜻.
제목	글 전체를 대표하는 이름.	**인물**	등장인물에 대한 이해.
주제	글의 중심 생각.	**배경**	글의 바탕인 시간과 장소.
요약	글의 주요 내용을 정리.	**구조**	글의 짜임.
줄거리	글의 내용을 순서대로 정리.	**표현**	비유와 상징의 이해.
적용	글의 내용을 다른 상황에 대입.	**추론**	글의 내용을 바탕으로 그 안에 숨은 뜻을 추측.
감상	글의 심도 있는 이해와 평가.		

초등 국어
독해력 비타민의 구성

회차

제시문 순서에 따라 회차 번호만 있을 뿐 글의 종류나 제목을 표시하지 않았습니다.
학습자의 상상력을 자극하여 적극적으로 읽는 습관을 기르기 위함입니다.

1회

틀린 문제 유형에 표시하세요.
☐ 인물   ☐ 어휘   ☐ 내용 파악

여우가 길을 급히 달려가다가 발을 잘못 디뎌 그만 우물에 빠졌습니다. 우물이 깊지는 않았지만 혼자서 빠져나올 수는 없었습니다. 그때 마침 염소 한 마리가 옆을 지나다가 우물을 들여다보았습니다. 염소는 몹시 목이 말랐습니다. 그래서 우물 속에 빠진 여우에게 물었습니다.

"여우야, 물맛이 어때?"

"기가 막히게 좋아. 너도 어서 내려와 마셔 봐."

여우는 마침 잘됐다고 생각하며 거짓말을 했습니다. 염소는 ㉠ 여우의 말을 곧이듣고 우물 속으로 뛰어내렸습니다. 물을 실컷 마신 염소는 여우와 마찬가지로 혼자서는 올라갈 수가 없었습니다.

"이걸 어쩌지, 올라갈 수가 없잖아."

"염소야, 걱정할 것 없어. 네 앞발을 우물 벽에 대고 뿔을 위로 세워 봐. 그럼 내가 먼저 네 등을 밟고 올라가서 내 꼬리를 내려줄게. 너는 그것을 물고 올라오면 돼."

염소는 여우가 시키는 대로 했습니다. 여우는 염소의 등과 뿔을 밟고 우물 밖으로 쉽게 빠져나갔습니다.

"여우야, 나도 빨리 올려줘."

"바보 같은 소리 그만해. 너는 무거워서 내가 끌어올릴 수 없어."

염소는 기가 막혀서 큰 소리로 말했습니다.

"그런 법이 어디 있어? 약속은 지켜야 할 거 아냐?"

그러나 여우는 고개를 돌린 채 걸어가며 말했습니다.

"㉡ 염소야, 네 턱에 난 수염만큼이라도 꾀가 있었다면, 다시 나올 방법을 살펴본 다음에 우물에 뛰어들었을 거야!"

(이솝 우화)

제시문

다양한 장르와 폭넓은 소재로 구성하였습니다.

1 이 글에 등장하는 인물을 모두 쓰세요. |인물|

_____,_____

2 밑줄 친 ㉠은 어떤 뜻으로 쓰였나요? |어휘|

① 여우가 하는 말을 따라 하며.

② 여우가 하는 말을 의심하며.

③ 여우가 하는 말을 꼼꼼하게 따져 보고.

④ 여우가 하는 말을 그대로 믿고.

⑤ 여우의 말이 거짓말인 줄 알면서도.

3 다음 문장을 읽고, 맞는 것에 O, 틀린 것에는 X 하세요. |내용 파악|

① 여우는 염소를 골탕 먹이려고 일부러 우물에 뛰어들었다. (   )

② 우물이 깊지 않아 여우는 혼자서 빠져나왔다. (   )

③ 염소는 여우에게 속아 우물에 뛰어들었다. (   )

④ 여우는 염소를 밟고 우물에서 빠져나왔다. (   )

⑤ 여우는 우물 밖에서 염소를 끌어 올려 주었다. (   )

'이솝'은 그리스의 작가입니다.

'우화'란 동물이나 식물이 주인공으로 등장하는 이야기입니다.

'이솝 우화'는 '이솝'이 쓴 '우화'를 말합니다.

비문학

초등 국어 **독해력 비타민**과
함께 시작하는

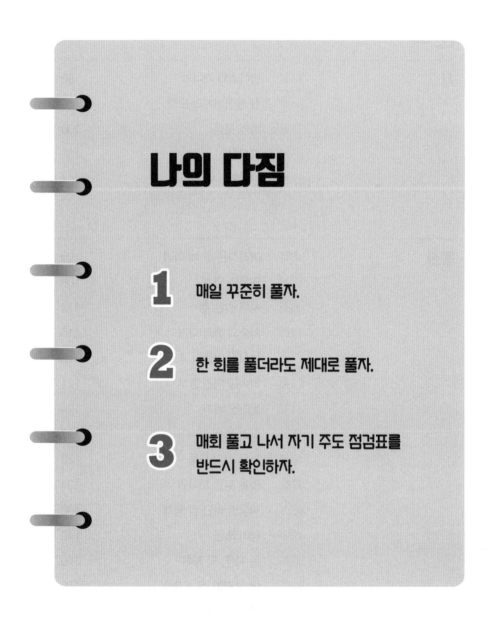

나의 다짐

1 매일 꾸준히 풀자.

2 한 회를 풀더라도 제대로 풀자.

3 매회 풀고 나서 자기 주도 점검표를
반드시 확인하자.

완전개정판

초등국어
1단계

독해력은 모든 학습의 기초!

독해력
비타민

　동물은 스스로 움직일 수 있지만 식물은 그러지 못합니다. 다리나 날개 등 몸을 이용하여 자유롭게 움직일 수 있는 동물과 달리, 식물은 뿌리를 땅에 묻고 한자리에 머뭅니다. 동물은 먹이를 먹고, 새끼나 알을 낳아 번식합니다. 식물은 뿌리로 물과 양분을 빨아들입니다. 또 씨로 널리 퍼져 나갑니다.

1 무엇을 설명하려고 쓴 글일까요? | 주제 |

① 동물과 식물이 먹이를 먹는 방법.
② 동물이 소리를 내는 방법.
③ 동물과 식물의 차이점.
④ 동물의 특징.
⑤ 동물의 번식 방법.

2 다음 설명에 알맞은 낱말을 윗글에서 찾아 쓰세요. | 어휘 |

(1) 생물이 수를 늘리거나 널리 퍼뜨리는 것.

(2) 생물이 살아가기 위해 필요한 영양 성분.

3 이 글의 내용을 정리했습니다. 빈칸에 알맞은 내용을 쓰세요. |내용 파악|

동물	식물
스스로 움직인다.	스스로 움직이지 못한다.
☐☐ 를 먹는다.	뿌리로 물과 양분을 얻는다.
새끼나 알로 번식한다.	☐ 로 퍼져 나간다.

4 다음을 동물과 식물로 구분해 빈칸에 세 개씩 쓰세요. |적용|

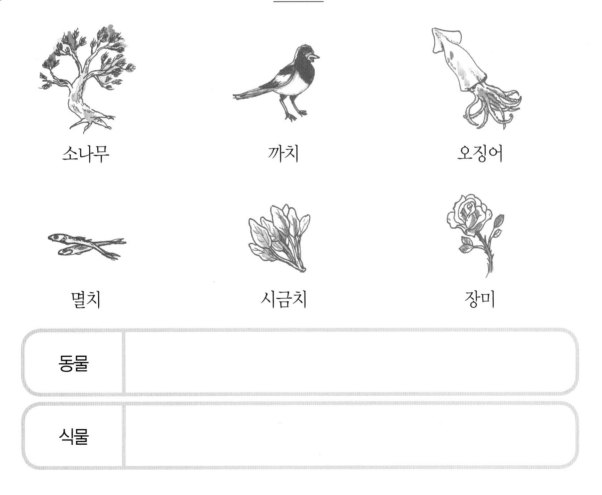

소나무   까치   오징어

멸치   시금치   장미

동물	
식물	

계절이 바뀌어도 자리를 옮기지 않고 한 지역에서 사는 새를 '텃새'라고 합니다. 까마귀, 꿩, 참새는 우리나라의 대표 텃새입니다.

이와는 반대로 계절에 따라 옮겨 다니며 사는 새를 '철새'라고 합니다. 제비, 꾀꼬리, 뻐꾸기는 봄이 되면 우리나라에 왔다가 가을이 되면 따뜻한 남쪽으로 날아갑니다. 이러한 새를 여름 철새라 합니다. 기러기, 개똥지빠귀는 가을에 우리나라에 와서 겨울을 보내고 <u>이듬해</u> 봄이 되면 추운 북쪽으로 날아갑니다. 이러한 새를 겨울 철새라고 합니다.

1 이 글의 중심 내용은 무엇인가요? | 주제 |

① 텃새와 철새의 차이와 종류.
② 여름 철새와 겨울 철새의 종류.
③ 우리나라의 대표 텃새의 종류.
④ 우리나라의 대표 철새의 종류.
⑤ 철새가 이동하는 까닭과 경로.

2 밑줄 친 '이듬해'와 뜻이 같은 말을 찾으세요. | 어휘 |

① 작년   ② 올해   ③ 다음 해
④ 후년   ⑤ 금년

3 다음 중 이 글의 내용과 <u>다른</u> 문장을 찾으세요. |적용|

① 봄이 왔다. 이제 제비가 올 날도 머지않았다.

② 꾀꼬리 울음소리를 들었다. 겨울이 되면 이 소리도 들을 수 없겠지?

③ 더워서 잠도 안 오는 여름밤. 하늘을 올려다보니 기러기 떼가 날아갔다.

④ 개똥지빠귀는 춥지도 않은지 한겨울에도 눈밭에 서 있다.

⑤ 까마귀는 사계절 내내 우리 집 앞에서 시끄럽게 운다.

4 이 글의 내용을 정리했습니다. 빈칸에 알맞은 내용을 쓰세요. |내용 파악|

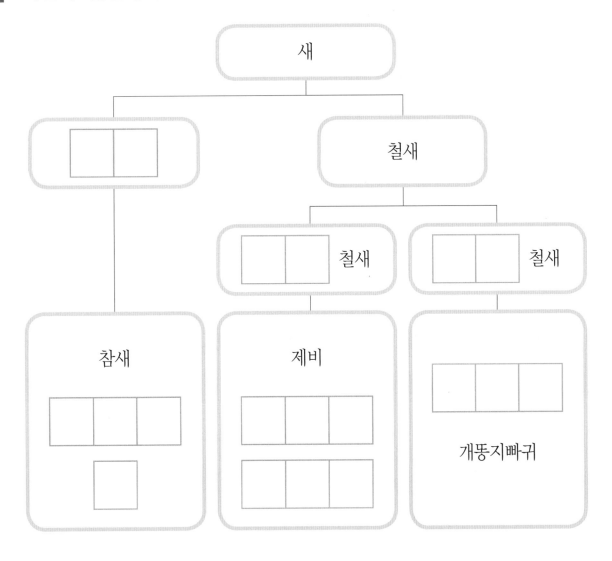

　　사람마다 이름이 있듯이 글에도 이름이 있습니다. 이것을 제목이라고 합니다. 제목은 글의 내용을 대표할 수 있어야 합니다.

　　일기의 제목은 대체로 다음 세 가지 방법으로 정합니다.

　　첫째, 일기에 쓴 사건을 간단하게 줄여 씁니다. 이렇게 쓰면, 읽는 사람이 제목만 보고도 어떤 일이 있었는지 금방 알 수 있습니다. 다음으로, 일기에서 가장 중요한 사람이나 물건의 이름으로 제목을 정합니다. 그러면 제목만 보아도 그날 일기에서 가장 중요한 사람이나 물건이 무엇인지 알 수 있습니다. 마지막으로, 겪은 일에 대한 자신의 생각이나 느낌을 제목으로 쓸 수도 있습니다. 이렇게 하면 그때 어떤 마음이 들었었는지 쉽게 짐작할 수 있습니다.

* 대체로: 전체적으로, 일반적으로.

1 글쓴이는 이 글을 읽을 사람에게 무엇을 알리고 있나요? | 주제 |

① 일기를 써야 하는 까닭.

② 일기 쓰기의 장점.

③ 제목을 쓴 일기의 장점.

④ 일기를 잘 쓰는 방법.

⑤ 일기의 제목을 붙이는 세 가지 방법.

2 이 글의 내용을 정리했습니다. 빈칸에 알맞은 내용을 쓰세요. | 내용 파악 |

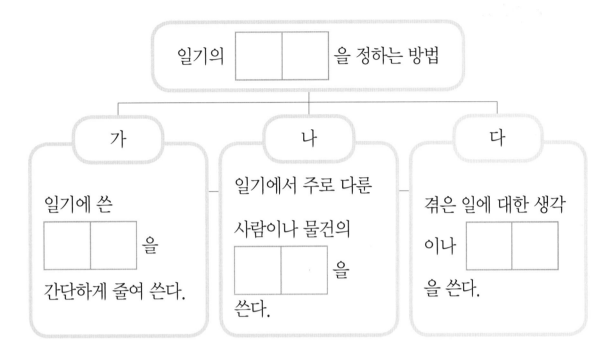

3 다음 일기를 읽고, 어떤 방법으로 제목을 정했는지 2번 문제의 [가] ~ [다] 중에 알맞은 기호를 골라 쓰세요. | 적용 |

> 우리 집 강아지 아롱이가 오전에 집을 나갔다. 청소를 하려고 문을 잠깐 열어 놓았는데 그사이에 사라졌다. 잠깐 사이에 어디로 갔는지 안 보였다. 우리 식구가 모두 나가 샅샅이 찾아보았다. 하지만 위층, 아래층, 계단, 1층, 어디에도 아롱이는 없었다. 모두 포기하고 집에 들어왔는데 앞집 아주머니께서 초인종을 누르셨다. 엘리베이터에 있던 아롱이를 데려왔다고 말씀하셨다. 잃어버렸던 아롱이를 찾아서 무척 기뻤다.

(1) 아롱이 ( )

(2) 아롱이를 찾아서 기뻐요 ( )

(3) 집을 나간 아롱이 ( )

4회

틀린 문제 유형에 표시하세요.

☐ 제목   ☐ 추론   ☐☐ 내용 파악

♣ ㉮ : 오전 5시 ~ 오후 10시
(단, 동물원은 오전 10시부터 오후 5시까지 관람 가능합니다.)

♣ ㉯

1. 자동차, 오토바이, 자전거, 킥보드 등을 이용한 출입을 금지합니다.
2. 반려동물은 데리고 들어갈 수 없습니다.
3. 동물원 동물에게 음식을 주지 마세요.
4. 공원에서는 음식을 만들어 먹을 수 없습니다.
5. 공원에 있는 나무, 꽃 등을 훼손하지 마세요.
6. 공원 시설 이용 시 위험한 행동을 하지 마세요.
7. 쓰레기는 반드시 지정된 장소에 버려 주세요.

♣ ㉰

교통편	노선	내리는 곳	비고
지하철	5호선	아차산역 4번 출구	어린이대공원 후문
	7호선	어린이대공원역 1번 출구	어린이대공원 정문

※ 전화번호: 02)450-9311,

누리집: https://www.sisul.or.kr/open_content/childrenpark/

* 관람: 연극, 영화, 운동 경기 등을 구경함.
* 훼손하지: 깨뜨리거나 부러뜨려 못 쓰게 만들지.

1 이 글의 내용과 어울리는 제목을 고르세요. |제목|

① 공원 행사 안내
② 공원 시설 안내
③ 공원 요금 안내
④ 공원 이용 안내
⑤ 공원 위치 안내

2 ㉮ ~ ㉰에 들어갈 내용으로 바르게 짝지은 것을 고르세요. |추론|

① 이용 시간 – 공원 소개 – 이용 시설
② 이용 시간 – 이용 규칙 – 교통수단
③ 이용 요금 – 이용 규칙 – 공원 시설
④ 이용 요금 – 이용 시설 – 교통수단
⑤ 이용 시간 – 이용 시설 – 교통수단

3 이 글에서 알 수 <u>없는</u> 것은 무엇인가요? |내용 파악|

① 공원 입장 가능 시간
② 공원 전화번호
③ 공원 누리집 주소
④ 공원 휴일
⑤ 공원 주변 지하철역

4 이 글의 내용으로 맞는 것을 고르세요. |내용 파악|

① 공원은 오후 10시까지 이용할 수 있다.
② 동물원을 구경하려면 저녁 8시 전에 가야 한다.
③ 우리 가족은 강아지 복실이와 함께 공원에서 즐거운 시간을 보낼 수 있다.
④ 지하철 2호선을 타고 어린이대공원역에서 내리면 바로 공원 정문이 있다.
⑤ 공원에서 음식을 만들어 먹을 수 있다.

나는 물이에요. 지금은 주전자 안에 있어요. 아래에서 뜨거운 열이 올라와 부글부글 끓기 시작했어요. 내 몸이 가벼워지더니 뿌연 ㉠김이 되어 주전자 밖으로 나왔어요. 사람들은 이런 나를 ㉡[   ]라고 불러요.

나는 하늘로 자꾸자꾸 올라갔어요. 거기에는 나처럼 하늘 높이 날아와 있던 친구들이 많았어요. 우리는 반가워서 서로 꼭 껴안았어요. 그랬더니 작은 물방울이 되었어요. 날씨가 추워 어떤 친구는 작은 얼음 알갱이가 되기도 했어요. 우리는 어깨동무를 하고 함께 떠돌아다니며 세상 구경을 했어요. 사람들은 우리를 보고 구름이라고 불렀어요.

세상을 여행하며 다른 친구들을 많이 만났어요. 우리는 점점 커져서 무거워졌어요. 이제는 너무 무거워서 떠 있기 힘들어졌어요. 점점 땅으로 내려가요. 내려갈 때 차가운 공기를 만나 눈이 되기도 하고, 그대로 비로 내리기도 해요. 나는 산에 내려 작은 시냇물이 되었어요. 다른 곳에 내린 친구들은 강이나 바다에서 다시 만날 수 있어요.

1 이 글의 중심 내용은 무엇인가요? |주제|

① 비는 왜 내리는가?

② 물은 왜 생기는가?

③ 물은 어떻게 변하는가?

④ 구름은 어떻게 생기는가?

⑤ 구름은 어떻게 변하는가?

2 ㉠과 같은 뜻으로 쓰인 '김'을 찾으세요. ㅣ어휘ㅣ

① 밥을 김에 싸 먹으니 더 맛있다.

② 밥솥 뚜껑을 열었더니 김이 피어올랐다.

③ 밖에 나온 김에 저녁밥을 먹고 들어가자.

④ 아버지는 김을 매러 밭에 나가셨다.

⑤ 말을 꺼낸 김에 하고 싶었던 얘기를 털어놓을게.

3 ㉡에 들어갈 낱말입니다. 다음 뜻을 지닌 낱말을 쓰세요. ㅣ어휘ㅣ

> 기체 상태로 되어 있는 물.

_____

4 이 글의 내용을 정리했습니다. 빈칸에 알맞은 낱말을 쓰세요. ㅣ내용 파악ㅣ

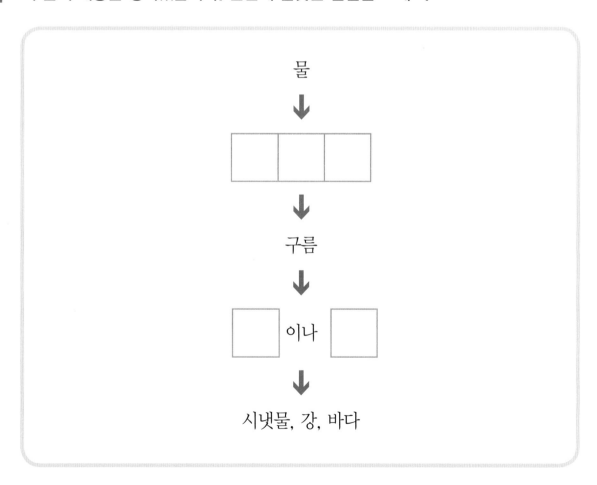

물

↓

☐ ☐ ☐

↓

구름

↓

☐ 이나 ☐

↓

시냇물, 강, 바다

사람은 누구나 태어나면 이름을 갖습니다. 이것을 본명이라고 하는데 보통 할머니, 할아버지나 부모님 같은 가족이 지어 줍니다. 한번 지어진 이름은 대부분 평생 불리기 때문에 아이가 태어나면 정성을 담아 짓습니다. 세상을 밝게 비추라고 세환이, 예쁘고 슬기로운 사람이 되라고 예슬이. 이처럼 본명에는 어떤 사람이 되라는 부모님의 소망과 사랑이 담겨 있습니다.

그런데 우리는 친구들을 본명으로만 부르지는 않습니다. 친구나 주변 사람들이 지어 준 이름, 별명이 있습니다. 별명은 그 사람의 이름이나 겉모습, 행동의 특징 등을 따서 붙이는 경우가 많습니다. 이름이 호섭이어서 '호빵', 눈이 커서 '왕방울', 걸핏하면 울어서 '울보' 등으로 지어 부릅니다.

친구 사이에 별명을 부르면 서로 친하고 가까운 느낌이 들어 본명 대신 부르기도 합니다. 하지만 듣는 사람이 싫어하는 별명을 계속 부르면 친구의 기분이 상할 수 있습니다.

1 글쓴이가 이 글을 통해 말하고자 하는 내용은 무엇인가요? |주제|

① 이름의 의미.

② 본명과 별명의 특징.

③ 이름을 지어 주는 사람.

④ 별명을 붙이는 까닭.

⑤ 상대방이 기분 나빠할 별명은 부르지 말자.

2 이 글의 내용을 정리했습니다. 빈칸에 알맞은 내용을 쓰세요. | 내용 파악 |

본명	별명
주로 [ ][ ]이 지어 준다.	주로 [ ][ ]나 주변 사람들이 지어 준다.
주로 어떤 사람이 되라는 뜻을 지니고 있다.	[ ][ ][ ] , [ ][ ][ ][ ] , 행동의 특징 등에서 따온다.

3 다음은 어린이들의 별명입니다. 별명을 지은 방법을 글에서 찾아 쓰세요. | 적용 |

본명	별명	지은 방법
이재훈	꼬맹이	
황초롱	초롱불	
강수현	뿡뿡이	

* 초롱불: 겉에 천을 씌운 등에 켠 불.

4 자신의 본명과 그 뜻을 쓰세요. | 적용 |

이름 _____

뜻 _____

이용 안내

[가] 이용 시간

월요일 ~ 금요일	오전 10시 ~ 오후 5시

　– 토요일과 공휴일은 쉽니다.

[나] 이용 대상

　– 열매초등학교 학생 모두.

[다] 우리들의 약속

　– 책을 읽을 때에는 조용히 합니다.

　– 다 읽은 책은 반드시 제자리에 꽂습니다.

　– 자신이 머문 자리는 잘 정돈합니다.

[라] 책을 빌리고 싶을 때에는 어떻게 하나요?

　– 도서 대여 관리장에 이름, 날짜, 책 번호, 책 이름을 쓰고 빌립니다.

　– 한 번에 세 권까지 빌릴 수 있습니다.

　– 빌린 책은 7일이 지나기 전에 가져옵니다.

더 궁금한 것은 담당 선생님께 여쭈어보세요.

* 대여: 돈이나 물건을 빌려줌.

1 이 글이 어울리는 장소는 어디인가요? | 추론 |

① 식당　　　　　　② 도서실　　　　　　③ 병원
④ 박물관　　　　　⑤ 교실

2 다음 내용이 들어갈 곳은 어디인가요? | 적용 |

> 책을 찢거나 낙서를 하지 않습니다.

① [가]　　　② [나]　　　③ [다]　　　④ [라]　　　⑤ 글의 맨 뒤

3 이 글을 쓴 까닭을 찾으세요. | 주제 |

① 학생들이 책을 많이 읽게 하려고.
② 새로 만든 도서실을 알리기 위해.
③ 학생들에게 도서실의 위치를 알려 주려고.
④ 책을 빌린 학생들이 제때 가져오게 하려고.
⑤ 도서실 이용 방법을 알리기 위해.

4 아래 어린이 가운데 잘못 행동하고 있는 사람은 누구인가요? | 적용 |

① 민주: 학교 수업이 끝나고 4시에 도서실에 갔다.
② 광호: 월요일 점심시간에 책을 빌리러 갔다.
③ 지수: 어제 빌린 책을 돌려주기 위해 도서실에 갔다.
④ 동민: 빌리고 싶은 책을 도서실 선생님께만 말씀드리고 가져왔다.
⑤ 연경: 책을 다 읽고 나서 원래 있던 자리에 꽂았다.

　　사탕이나 초콜릿이 없던 옛날에, 엿은 우리 조상들이 즐겨 먹던 간식이었습니다. 엿장수가 오면 아이들은 고무신이나 빈 병, 숟가락 등 집에 있는 물건을 몰래 가지고 나와 엿으로 바꿔 먹기도 했습니다.

　　꼬들꼬들하게 지은 밥에 엿기름을 넣고 따뜻한 곳에 두어 액체로 만든 다음, 그것을 찐득찐득해질 때까지 약한 불에 졸여서 엿을 만듭니다.

　　예부터 엿과 관련 있는 놀이나 풍습이 많았습니다. '엿치기'는 엿으로 하는 놀이입니다. 엿가락을 부러뜨려서 구멍의 크기나 개수로 승부를 가릅니다.

　　결혼식 날, 신부 집에서 신랑 집에 엿을 보내는 풍습이 있습니다. 신랑, 신부가 엿처럼 달라붙어 오래 살라는 뜻입니다. 또 설이나 대보름에는 햇곡식으로 만든 엿을 나눠 먹으며, 복은 달라붙고, 살림은 엿가락처럼 늘어나게 해 달라는 소원을 빌기도 했습니다.

　　오늘날에는 중요한 시험을 치르러 가는 사람에게 엿을 선물합니다. 엿의 끈적끈적하고 잘 붙는 성질 때문에 엿을 먹으면 시험에 붙는다고 생각하기 때문입니다.

* 엿기름: 보리에 물을 부어 틔운 싹을 말린 것. 엿이나 식혜를 만들 때에 쓴다.

1 이 글의 제목으로 가장 알맞은 것을 고르세요. |제목|

① 옛날 간식　　　　　　　② 우리나라의 전통 간식, 엿

③ 재미있는 과자 만들기　　④ 우리나라 고유의 음식들

⑤ 엿으로 하는 놀이

2 이 글의 중심 내용으로 알맞은 것을 고르세요. | 주제 |

① 각 지역의 유명한 엿.

② 엿으로 즐기는 놀이들.

③ 엿을 만드는 방법과 엿으로 즐기는 문화.

④ 시험을 치를 때 엿을 선물하자.

⑤ 초콜릿이나 사탕보다는 엿을 먹자.

3 낱말 풀이를 읽고, 알맞은 낱말을 글에서 찾아 쓰세요. | 어휘 |

(1) 엿가락을 부러뜨려 구멍의 크기나 개수로 승부를 가르는 놀이.

(2) 끼니 사이에 간단히 먹는 음식.

4 엿과 비슷한 의미를 지닌 선물을 고르세요. | 추론 |

> 요즘에는 시험을 볼 때 재미있는 선물을 주고받습니다. 포크는 음식을 찍어 먹고, 도끼는 나무를 찍습니다. 그래서 정답을 잘 찍으라는 뜻으로 포크나 장난감 도끼를 선물합니다. 또 두루마리 화장지와 거울도 인기 있는 선물입니다. 화장지는 문제를 잘 풀라는 뜻으로, 거울은 시험을 잘 보라는 뜻에서 선물합니다. 찹쌀떡은 끈적끈적하기 때문에 시험에 잘 붙으라는 의미로 선물합니다.

① 포크   ② 장난감 도끼   ③ 두루마리 화장지   ④ 거울   ⑤ 찹쌀떡

[가]

송편은 쌀가루로 반죽을 만들어 그 안에 소를 넣은 뒤, 반달 모양으로 빚은 떡입니다. 보통 추석 때 만들어 먹습니다. 농사가 잘되게 보살펴 준 조상에게 감사하는 마음으로 송편을 빚어 차례를 지내고 친척이나 이웃과 나누어 먹습니다.

[나]

대체로 남쪽 지방에 비해 북쪽에서 송편을 크게 만듭니다. 송편은 대부분 반달 모양인데 지역마다 재료와 모양이 조금씩 다르기도 합니다. 감자가 많이 나는 강원도는 감자송편을 만드는데, 송편을 빚을 때 손으로 눌러 손자국을 냅니다. 제주도에서는 완두콩으로 만든 소를 넣어 둥글납작하게 빚습니다. 평안도의 바닷가 마을에서는, 조개가 많이 잡히기 바라는 마음을 담아 조개 모양으로 만듭니다.

[다]

송편을 빚으려면 쌀을 빻아 가루를 만들고, 거기에 물을 섞어 반죽을 만들어야 합니다. 반죽이 완성되면 송편 안에 들어갈 소를 만드는데 깨, 콩, 팥, 녹두, 밤 등 좋아하는 곡식이나 과일을 선택하여 넣습니다. 반죽을 적당히 떼어 손바닥 위에 올려놓고 돌돌 굴려 가며 동그랗게 만듭니다. 동그란 반죽을 엄지손가락으로 살짝 눌러 가운데가 오목하게 들어가도록 모양을 냅

* 소: 송편이나 만두 등을 만들 때, 맛을 내기 위해 속에 넣는 재료.
* 빚어서: 가루를 반죽하여 만두, 송편 등을 만들어서.

니다. 여기에 소를 넣고 반죽을 잘 감싸 원하는 모양으로 마무리합니다. 마지막으로 찜통에 솔잎을 깔고 찌면 소나무 향기가 솔솔 나는 송편이 완성됩니다.

1 송편은 주로 어느 계절에 먹는 음식인가요? | 추론 |

_____

2 이 글은 [가] ~ [다] 세 부분으로 나뉩니다. 각 부분의 내용을 연결하세요.
| 내용 파악 |

[가] •   • 송편을 만드는 과정

[나] •   • 송편은 무엇인가

[다] •   • 송편의 지역별 특징

3 이 글의 내용과 <u>다른</u> 것을 찾으세요. | 내용 파악 |

① 송편은 주로 추석 때 만들어 먹는다.
② 송편 모양은 지역에 따라 다르기도 하다.
③ 송편은 쌀가루를 반죽해서 만든다.
④ 대체로 북쪽 지방의 송편이 남쪽 지방 것보다 크다.
⑤ 제주도에서는 조개송편을 만들어 먹는다.

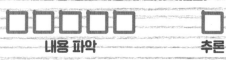
종호의 생일입니다. 종호는 친구들에게 선물 대신 과일을 가져와서 같이 먹고 놀자고 했습니다.

생일잔치 시간인 오후 3시가 되었습니다. 친구들이 종호네 집에 하나둘 모이기 시작했습니다. 제일 먼저 온 친구는 은정이입니다. 은정이는 사과를 세 개 가지고 왔습니다. 다음은 민주가 배를 네 개 가져왔습니다. 주호는 감 다섯 개를 들고 왔습니다. 마지막으로 현수가 도착했습니다. 현수가 가져온 봉지에는 귤이 여섯 개나 들어 있었습니다.

친구들은 둘러앉아 가지고 온 과일을 펼쳐 놓고 맛있게 먹었습니다. 과일들이 모두 신선하고 맛있었습니다. 하지만 과일이 많아서 사과 하나와 귤 두 개를 남겼습니다.

친구들은 과일을 다 먹고 종호 방을 구경했습니다. 책을 좋아하는 종호답게 방에는 책이 가득했습니다. 방 구경을 마치고는 놀이터에 나갔습니다. 종호와 친구들은 술래잡기, 숨바꼭질을 하며 즐겁게 놀았습니다.

1 생일잔치는 하루 중 언제였나요? |내용 파악|

① 아침   ② 오전   ③ 오후

④ 저녁   ⑤ 밤

2 종호네 집에 온 친구들은 모두 몇 명인가요? |내용 파악|

☐ 명

3 친구들이 가져온 과일의 수를 빈칸에 숫자 쓰고 계산하세요. |내용 파악|

사과 ☐ 개 + 배 ☐ 개 + 감 ☐ 개 + 귤 ☐ 개 = ☐ 개

4 종호와 친구들이 먹은 과일은 모두 몇 개인가요? |추론|

① 7개　　　　　② 9개　　　　　③ 12개
④ 15개　　　　　⑤ 18개

5 이 글의 내용으로 맞는 것에는 O, 틀린 것에는 X 하세요. |내용 파악|

① 은정이가 생일잔치에 제일 먼저 도착했다. 　　　(　　)

② 현수는 귤을 가져왔다. 　　　(　　)

③ 종호와 친구들은 과일을 남기지 않고 다 먹었다. 　　　(　　)

④ 친구들은 과일을 다 먹고는 바로 집에 갔다. 　　　(　　)

6 종호 생일잔치에서 친구들이 하지 않은 것을 찾으세요. |내용 파악|

① 과일 먹기　　　　　② 책 읽기　　　　　③ 방 구경
④ 술래잡기　　　　　⑤ 숨바꼭질

'일기는 어떻게 써야 하지?'

'오늘은 특별한 일도 없는데 무엇을 쓰지?'

'오늘은 많은 일이 있었는데 그중에 무엇을 쓰지?'

일기를 쓸 때면 이렇게 고민하는 친구가 많습니다. 그러나 일기는 결코 쓰기 어려운 글이 아닙니다. 아래 도움말을 잘 읽어 보세요.

(1) 오늘 하루 동안 있었던 일을 생각해 보고, 그 가운데 가장 기억에 남는 일을 하나만 고릅니다.

(2) 그 일을 겪으면서 어떤 느낌, 무슨 생각이 들었는지 떠올려 봅니다.

(3) 그 일과 그때 들었던 생각을 자세히 씁니다.

1 민주가 일기를 썼습니다. 이 가운데 가장 잘 쓴 일기를 고르세요. |적용|

①

6월 13일 수요일 하늘엔 구름만 조금

오늘

국어 시간에 광규와 싸우다 선생님께 혼이 났다. 집에 와서 가방을 놓고 놀이터에 나가 놀았다. 미끄럼틀을 타다가 다리를 다쳐 피가 났다. 저녁에 아버지께서 사 오신 치킨을 맛있게 먹었다. 닭 다리를 더 먹으려다 동생과 싸워 어머니께 혼이 났다.

②

6월 13일 수요일 하늘엔 구름만 조금

국어 시간

국어 시간에 있었던 일이다. 광규가 자꾸만 뒤에서 내 등을 툭툭 쳤다. 그만두라고 했는데도 자꾸 장난을 쳐서 화를 냈다. 그 모습을 선생님께서 보시고는 수업 시간에 떠든다고 꾸중을 하셨다. 광규는 모른 체하고 앉아 있었다. 내 앞에서 승선이가 발표를 했다. 승선이는 발표를 잘한다.

③

6월 13일 수요일 하늘엔 구름만 조금

놀이터

학교 수업을 마친 뒤 은주, 혜경이와 동네 놀이터에서 함께 놀았다. 그네도 타고 시소도 탔다. 그런데 미끄럼틀을 타다가 그만 넘어져 다리에서 피가 났다. 하지만 친구들이 도와주어서 집까지 무사히 왔다. 저녁에 아버지께서 치킨을 사 오셨다.

④

6월 13일 수요일 하늘엔 구름만 조금

국어 시간

국어 시간에 광규가 자꾸 뒤에서 장난을 걸어 다투다가 선생님께 혼이 났다. 내 잘못도 아닌데 혼이 나서 억울하다. 미술 시간은 재미있었다.

⑤

6월 13일 수요일 하늘엔 구름만 조금

닭 다리

아버지께서 저녁에 치킨을 사 오셨다. 나는 닭 다리를 하나밖에 못 먹었는데 동생은 두 개나 먹으려고 했다. 그래서 다투다 어머니께 혼이 났다. 누나인 내가 양보했어야 했는데……. 정호야, 미안해.

　우리나라 전통 놀이에는 제기차기, 비사치기, 공기놀이, 자치기, 구슬치기 등이 있습니다. 그중에서 비사치기와 공기놀이는 돌을 이용한 놀이입니다.

　비사치기는 손바닥만 한 크기의 납작한 돌을 세워 놓고 얼마쯤 떨어진 곳에서 다른 돌을 던져 넘어뜨리는 놀이입니다. 이때 여러 방법으로 상대편이 세워 놓은 돌을 넘어뜨릴 수 있습니다. 제자리에 선 채로 돌을 던져 넘어뜨리는 방법이 가장 일반적입니다. 발등 위에 돌을 올리고 상대편 돌 가까이 가서 넘어뜨리는 방법도 있습니다. 이것을 '도둑발'이라고 합니다. 또 발목 사이에 돌을 끼우고 깡충깡충 뛰어가서 상대편 돌을 넘어뜨리는 '토끼뜀'도 있습니다. '오줌싸개'는 무릎 사이에 돌을 끼우고 걸어가서 넘어뜨리는 방법입니다.

　공기놀이는 도토리만 한 돌 여러 개를 한 손으로 던지고 받는 놀이로, 공깃돌만 있으면 아무 데에서나 쉽게 할 수 있습니다. 보통 다섯 알로 하는데, 한 알부터 차례로 개수를 늘려 잡습니다. 한 알 집기, 두 알 집기, 세 알 집기, 네 알 집기, 꺾기의 과정을 차례로 거쳐 점수를 많이 얻는 사람이 이기는 놀이입니다.

* 꺾기: 공깃돌 다섯 개를 공중에 던져 손등에 올렸다가 다시 공중에 띄워 한손으로 잡는 방법.

1 이 글에서 자세히 소개한 전통 놀이 두 가지의 이름을 쓰세요. | 핵심어 |

(1)　　　　　　　　　　　　　　(2)

2 1번에 적은 두 놀이의 공통점을 찾아 이 글의 제목을 지어 보세요. ┃제목┃

을 이용한 전통 놀이

3 다음 그림이 나타내는 비사치기 방법을 찾아 쓰세요. ┃내용 파악┃

토끼뜀   오줌싸개   도둑발

(1)   (2)    (3)

4 공기놀이에서 도토리만 한 돌을 사용하는 까닭은 무엇일까요? ┃추론┃

① 큰 돌로 하면 다칠 수 있기 때문에.

② 도토리만 한 돌은 쉽게 구할 수 있어서.

③ 원래 도토리로 하던 놀이여서.

④ 한 손으로 가지고 놀기에 적당한 크기여서.

⑤ 작은 돌이 귀여워서.

5 전통 놀이의 이름에 맞는 그림을 찾아 연결하세요. ㅣ배경지식ㅣ

(1) 제기차기 •

(2) 비사치기 •

(3) 공기놀이 •

(4) 자치기 •

(5) 구슬치기 •

(1) 준비하기

운동화, 빨랫비누, 빨랫솔, 신문지를 준비합니다.

(2) 운동화 빨기

끈을 풀고 운동화를 따뜻한 물에 넣습니다. 이때 가루비누를 물에 풀어 넣으면 운동화의 ⊙때가 더 잘 빠집니다.

운동화 한 짝을 꺼내어 비누를 묻힌 빨랫솔로 문지릅니다. 운동화의 바깥쪽과 안쪽, 깔창까지 구석구석 꼼꼼하게 닦습니다. 나머지 한 짝도 같은 방법으로 씻습니다.

비누 거품이 묻은 운동화를 깨끗한 물에 헹굽니다. 여러 번 헹구어 운동화에 비눗물이 남지 않게 합니다.

마지막으로 운동화 끈에 비누를 묻혀서 조물조물 비벼 빱니다.

(3) 운동화 말리기

햇볕이 잘 들고, 공기가 잘 통하는 곳에 널어 말립니다. 운동화가 어느 정도 마르면 모양이 망가지지 않도록 운동화 속에 신문지를 뭉쳐 넣습니다. 또 신문지가 물기를 빨아들여 더 빨리 말릴 수 있습니다.

1 다음 중 운동화를 빨고 말릴 때 필요하지 <u>않은</u> 것을 찾으세요. | 내용 파악 |

① 운동화   ② 빨랫비누   ③ 빨랫솔

④ 빨래판   ⑤ 신문지

2 이 글의 중심 내용은 무엇인가요? | 주제 |

① 좋은 운동화 고르는 방법.

② 운동화 보관하는 방법.

③ 운동화 세탁하는 방법.

④ 운동화 끈 묶는 방법.

⑤ 운동화 말리는 방법.

3 ㉠의 '때'와 같은 뜻으로 쓰인 문장을 고르세요. | 어휘 |

① 아무 때나 놀러와!

② 너는 웃을 때 가장 예뻐.

③ 방학 때, 가족 여행을 가기로 했다.

④ 아직은 때가 아니다.

⑤ 손톱 밑에 까맣게 때가 끼었다.

4 '편하게 신기 위해 신발 안쪽 바닥에 까는 물건'의 뜻을 지닌 낱말을 찾아 쓰세요.

| 어휘 |

_____

5 운동화 속에 신문지를 넣는 까닭 두 가지를 찾아 쓰세요. | 내용 파악 |

(1)

_____

(2)

_____

6 다음 그림을 보고, 빈칸에 알맞은 낱말을 넣어 운동화 세탁하는 순서를 완성하세요. | 내용 파악 |

(1) 운동화 끈을 풀고 따뜻한 ☐ 에 넣는다.

(2) 운동화를 한 짝씩 꺼내어 비누를 묻힌

☐☐☐ 로 닦는다.

(3) ☐☐☐ 이 남지 않도록 깨끗한

물에 헹군다.

(4) 운동화 ☐ 을 뺀다.

(5) ☐☐ 이 잘 들고, 공기가 잘 통하는

곳에서 말린다.

옛날에 어머니 말이라면 무엇이든 반대로만 행동하던 청개구리가 있었다. 어머니는 죽으면 산에 묻히고 싶어서 아들 청개구리에게 냇가에 묻어 달라고 말했다. 하지만 잘못을 뉘우친 청개구리는 마지막 말씀대로 어머니를 냇가에 묻었다. 그 뒤로 비가 오는 날이면 어머니 무덤이 냇물에 떠내려갈까 봐 슬프게 울었다.

누구나 한 번쯤 청개구리 이야기를 들어 보았을 것입니다. 또 옛날 화가들은 행운을 가져다준다는 뜻으로 개구리를 그렸습니다. 이렇듯 개구리는 옛날부터 사람과 친숙한 동물입니다.

이른 봄, 맑은 물속을 들여다보면 젤리 같은 물체를 볼 수 있습니다. 개구리의 알입니다. 이 알들은 2주일이 지나면 올챙이로 변합니다. 올챙이는 물속을 꼬리로 헤엄쳐 다닙니다.

일주일이 더 지나면 뒷다리가 나오기 시작합니다. 열흘이 더 지나면 앞다리가 나오면서 꼬리가 짧아집니다. 앞다리가 나오면 물 밖에서도 숨을 쉴 수 있습니다. 꼬리가 다 없어지면 개구리가 됩니다.

개구리는 물속에서 헤엄도 치고, 땅과 풀 위를 폴짝폴짝 뛰어다닙니다. 개구리는 수컷만 울 수 있습니다. 수컷 개구리는 귀 뒤나 턱 아래에 있는 울음주머니로 개굴개굴 노래를 부릅니다. 짝짓기를 하려고 암컷 개구리를 부르는 소리입니다.

* 짝짓기: 알이나 새끼를 낳기 위해 동물이 관계를 맺는 일.

1 빈칸에 알맞은 낱말을 넣어 이 글의 제목을 지어 보세요. ⏐제목⏐

| | | | 의 한살이

* 한살이: 태어나서 죽을 때까지의 삶.

2 개구리가 되는 과정입니다. 빈칸을 채우세요. ⏐내용 파악⏐

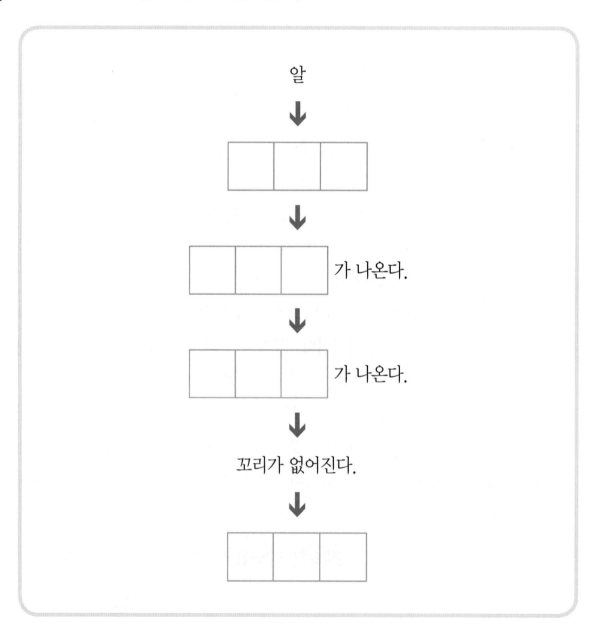

알

↓

| | | |

↓

| | | | 가 나온다.

↓

| | | | 가 나온다.

↓

꼬리가 없어진다.

↓

| | | |

3 빈칸에 들어갈 낱말을 앞 글에서 찾아 쓰세요. |내용 파악|

개구리는 ☐☐ 만 우는데, 이것은 ☐☐ 을 부르는

행동이다.

4 이 글을 잘못 읽은 친구를 찾으세요. |내용 파악|

① 현주: 개구리는 물속에 알을 낳아.

② 민정: 올챙이는 꼬리로 헤엄친대.

③ 희진: 개구리는 물속과 땅 위에서 모두 살 수 있어.

④ 나미: 올챙이는 앞다리가 먼저 나오고 뒷다리는 나중에 나와.

⑤ 정진: 개구리의 알은 말랑말랑한 젤리 같아.

5 개구리의 울음주머니가 있는 부분 두 군데를 찾아 동그라미 하세요. |적용|

귀

　세균 등의 영향으로 벌레가 파먹은 것처럼 된 이를 충치라고 합니다. 평소에 이를 깨끗하게 관리하지 않으면 충치가 생겨 아프고 불편합니다. 또 충치는 한번 생기면 저절로 없어지지도 않고 치료도 어렵습니다. 이런 충치를 예방할 수 있는 방법이 있을까요?

　가장 좋은 예방법은 이를 잘 닦는 것입니다. 이를 자주 닦는 것도 좋지만 잘 닦는 것이 더 중요합니다. 윗니는 위에서 아래 방향으로, 아랫니는 아래에서 위로 칫솔질을 합니다. 잇몸부터 시작하여 이 전체를 닦습니다. 또 혀도 닦는 것이 좋습니다.

　칫솔질은 순서가 꼭 정해져 있는 것은 아니지만, 보통 이의 안쪽 면을 먼저 닦습니다. 그다음 바깥쪽, 씹는 면을 차례로 닦습니다. 마지막으로 혀도 잘 닦아야 합니다.

　이를 건강하게 지키는 방법으로 ㉠ 3·3·3운동이 있습니다. 하루에 3번 이상, 음식을 먹고 난 뒤 3분 이내에, 한 번에 3분 이상 이를 닦으라는 뜻입니다.

　음식을 가려 먹는 것도 좋은 방법입니다. 이에 좋은 음식과 나쁜 음식 종류를 잘 알아 두어, 나쁜 음식은 피하고 좋은 음식은 조금 더 챙겨 먹는 습관을 기르면 이 건강에 도움이 됩니다.

　또 일 년에 한두 번 치과에 가서 검사를 받는 것도 충치를 예방하는 좋은 방법입니다. 아무리 양치질을 잘해도 칫솔이 닿지 않는 부분이 있습니다. 그런 곳은 우리 눈으로 확인하기 힘들기 때문에, 이상이 있는지 치과에서 검사를 받는 것이 좋습니다.

1 이 글에 쓰인 칫솔질 순서에 맞게 빈칸에 번호를 쓰세요. | 내용 파악 |

> ① 이의 안쪽 면을 닦는다.
> ② 이의 씹는 면을 닦는다.
> ③ 혀를 닦는다.
> ④ 이의 바깥쪽 면을 닦는다.

2 이 글의 내용으로 맞는 것에는 O, 틀린 것에는 X 하세요. | 내용 파악 |

① 곤충이 이를 파먹는 것을 충치라고 한다.   (   )

② 충치는 한번 생기면 저절로는 없어지지 않는다.   (   )

③ 칫솔질을 할 때에는 잇몸에 닿지 않도록 이만 닦는다.   (   )

④ 혀도 잘 닦아야 한다.   (   )

⑤ 아무리 양치질을 잘해도 칫솔이 닿지 않는 부분이 있다.   (   )

3 빈칸에 알맞은 말을 넣어, 밑줄 친 ㉠의 뜻을 완성하세요. | 내용 파악 |

> 하루에 ☐☐ 이상, 음식을 먹고 난 뒤 ☐☐ 이내
>
> 에, 한 번에 ☐☐ 이상 이를 닦자.

4 다음은 충치에 관한 글입니다. 빈칸에 알맞은 낱말을 넣어 글을 완성하세요.

탄산	습관	단맛	자연	충치

이가 썩으면 썩은 부분을 기계로 긁어내거나, 심하면 이를 아예 뽑아야 합니다. 그래서 이는 건강할 때 잘 지켜야 합니다.

　　　　　를 예방하려면, 이에 좋은 음식과 나쁜 음식을 알아두고 잘 가려 먹어야 합니다.

　　　　　이 많이 나는 식품이나 콜라 같은 　　　　　음료는 이에 나쁩니다. 반대로 곡식, 채소, 과일 같은 　　　　　식품은 이를 튼튼하게 합니다.

　하지만 어떤 음식이든 먹고 나서 이를 닦는 　　　　　을 지녀야 이를 건강하게 지킬 수 있습니다.

5 다음 설명에 가장 알맞은 칫솔을 고르세요.　| 배경지식 |

이와 이 사이에 낀 음식물 찌꺼기를 닦아 내기 위해 만든 칫솔.

① 작은 칫솔　　　② 유아 칫솔　　　③ 전동 칫솔
④ 치간 칫솔　　　⑤ 잇몸 칫솔

경기도 이천은 땅이 ㉠ <u>비옥하고</u> 물이 풍부해서 쌀이 좋기로 유명합니다. 또 ㉡ <u>흙이 좋고 나무가 많으며 서울과 가까워 옛날부터 질 좋은 도자기를 많이 만들었습니다.</u> 이렇게 한 지역에서만 생산되거나, 다른 지역의 제품보다 품질이 뛰어난 물건을 '특산물'이라고 합니다.

지역마다 특산물이 다른 이유는, 지역마다 기후와 흙의 특성 등이 다르기 때문입니다. 충청북도 충주는 다른 곳에 비해 일교차가 크고 비 오는 날이 적어 사과를 키우기에 적합합니다. 그래서 이곳에서 자란 사과는 빛깔이 좋고 향과 맛이 뛰어납니다. 강원도는 산이 많고 날씨가 서늘합니다. 이런 곳에서 자란 감자는 다른 지역에서 생산된 것보다 맛이 좋습니다. 귤은 따뜻한 지역에서 잘 자라고 그런 곳에서 자란 것이 맛도 좋습니다. 그래서 귤은 우리나라에서 가장 따뜻한, 제주도의 특산물이 되었습니다.

* 도자기: 흙을 빚어서 구운 그릇.
* 일교차: 하루 동안에 변하는 기온의 차이.

1 이 글의 중심 낱말은 무엇일까요? 핵심어

① 이천

② 쌀

③ 도자기

④ 특산물

⑤ 제주도

2 ⑤의 올바른 뜻을 찾으세요. | 어휘 |

① 습기가 많고.

② 식물이 자라기에 좋은 영양분이 많고.

③ 매우 넓고.

④ 모래가 많고.

⑤ 흙이 보드라워 잘 부서지고.

3 특산물과 지역, 특산물이 많이 나는 까닭을 바르게 연결하세요. | 내용 파악 |

굴	사과	감자

충청북도 충주	강원도	제주도

산이 많고 서늘하다.	우리나라에서 가장 따뜻하다.	일교차가 크고 비 오는 날이 적다.

4 다음은 ⓒ을 자세히 풀어 쓴 글입니다. 빈칸에 알맞은 낱말을 찾아 쓰세요. |적용|

> 좋은 도자기를 만들기 위해서는 무엇보다 좋은 ① 이 필요하다.
> 질 좋은 ① 으로 도자기를 빚어 '가마'에 넣어 굽는다. 이렇게 불
> 을 피울 때에 필요한 ② 를 이천 지역에서는 쉽게 얻을 수 있었다.
> 좋은 도자기도 팔 곳이 없으면 오랜 기간 만들어낼 수 없었을 것이다.
> 이천과 가까운 ③ 에는 사람이 많이 살고 있어서 도자기를 잘 팔
> 수 있었다.
>
> * 가마: 숯, 도자기, 기와, 벽돌 따위를 구워 내는 시설.

①

②

③

5 다음 글에서 설명하는 식물을 찾으세요. |배경지식|

> 이것은 세계 여러 나라에서 자라지만, 우리나라의 것이 약효가 뛰어
> 나 가장 유명하다. 주로 이것의 뿌리를 먹는데, 사람의 몸처럼 생겼다.
> 뿌리는 쓴맛이 나지만, 심장, 폐, 위장 등에 좋다. 날로도 먹을 수 있
> 고, 말리거나 찌거나 즙을 내어 먹기도 한다. 우리나라 전국에서 재배
> 하고 있는데, 강화도와 충청남도 금산군에서 자란 것이 유명하다.

① 무   ② 당근   ③ 고구마

④ 인삼   ⑤ 땅콩

선생님 : 여러분은 ㉠ 개미, 메뚜기, 사마귀, 잠자리, 귀뚜라미 등을 자세히 관찰해 본 경험이 있나요?

민　호 : 선생님, 저는 귀뚜라미를 길러 봤어요.

선생님 : 그래요? 그러면 귀뚜라미가 어떻게 생겼는지 친구들에게 알려 줄 수 있겠어요?

민　호 : 머리가 둥글고, 몸은 진한 갈색이에요. 어린 귀뚜라미는 색이 연한데 자라면서 점점 진하게 변해요. 그리고 귀뚜라미는 더듬이가 몸보다 길어요.

선생님 : 민호가 정말 자세히 관찰했네요.

주　영 : 선생님, 모든 귀뚜라미가 그렇게 시끄러운 소리를 내나요?

선생님 : 다른 곤충처럼 귀뚜라미도 수컷만 소리를 내요. 하지만 입으로 내는 건 아니에요.

주　영 : 그럼 어떻게 소리 내요?

선생님 : 귀뚜라미 수컷의 오른쪽 앞날개 안쪽은 까칠까칠하게 갈라져 있고, 왼쪽 앞날개 바깥쪽은 겉으로 볼록하게 생겼어요. 그래서 오른쪽 앞날개를 왼쪽 앞날개에 올려놓고 비벼서 소리를 내요. 마치 바이올린 줄을 활로 문질러 소리를 내는 것처럼요.

주　영 : 와, 정말 신기하네요.

민　호 : 선생님, 근데 귀뚜라미는 왜 밤에만 소리를 내요?

선생님 : 귀뚜라미가 꼭 밤에만 소리를 내는 건 아니에요. 하지만 박쥐, 부엉이 같은 ㉡ _____ 동물이기 때문에 낮에는 움직이지 않다가 밤이 되면 활동을 해요. 그래서 주로 밤에 소리를 내지요. 낮에

도 어두컴컴한 곳에서는 소리를 내기도 해요. 민호가 직접 길러 봤으니까, 귀뚜라미가 뭘 잘 먹는지는 친구들에게 알려 줄 수 있을까요?

민 호: 네. 귀뚜라미는 ⓒ◯◯◯◯ 동물이라서 <u>자연에서는 풀이나 작은 벌레를 먹고 살아요</u>. 만약 집에서 키운다면 멸치 가루, 사과, 감자, 빵 부스러기 등을 먹이로 주면 돼요.

선생님: 어때요, 이제 귀뚜라미에 대한 궁금증이 다 풀렸나요?

학생들: 네!

1 이 글의 중심 낱말을 쓰세요. | 핵심어 |

2 ㉠을 모두 포함할 수 있는 낱말을 이 글에서 찾아 쓰세요. | 어휘 |

3 밑줄 친 내용을 참고하여, ㉡과 ㉢에 들어갈 낱말을 바르게 짝지은 것을 찾으세요. | 어휘 |

① ㉡: 주행성, ㉢: 초식성   ② ㉡: 주행성, ㉢: 육식성

③ ㉡: 야행성, ㉢: 잡식성   ④ ㉡: 야행성, ㉢: 초식성

⑤ ㉡: 야행성, ㉢: 육식성

4 이 글을 통해 알 수 있는 내용이 <u>아닌</u> 것은 무엇인가요? | 내용 파악 |

① 귀뚜라미 모습의 특징.　　　② 귀뚜라미가 소리를 내는 방법.

③ 귀뚜라미가 활동하는 시간.　　④ 귀뚜라미의 먹이.

⑤ 귀뚜라미가 사는 곳.

5 이 글의 내용과 맞는 것을 찾으세요. | 내용 파악 |

① 선생님은 집에서 귀뚜라미를 길러 본 경험이 있다.

② 민호는 집에서 귀뚜라미를 길러 본 경험이 있다.

③ 귀뚜라미는 수컷과 암컷 모두 소리를 낸다.

④ 귀뚜라미는 다리를 비벼 소리를 낸다.

⑤ 귀뚜라미는 밤에만 소리를 낸다.

6 이 글의 내용을 정리하였습니다. 빈칸에 알맞은 낱말을 쓰세요. | 내용 파악 |

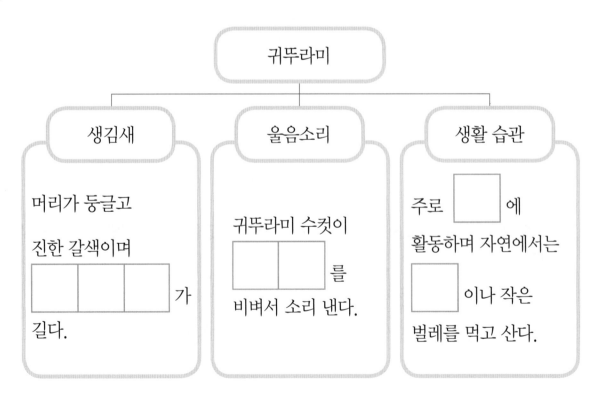

귀뚜라미

| 생김새 | 울음소리 | 생활 습관 |

머리가 둥글고 진한 갈색이며 〔　│　│　〕가 길다.

귀뚜라미 수컷이 〔　│　〕를 비벼서 소리 낸다.

주로 〔　〕에 활동하며 자연에서는 〔　〕이나 작은 벌레를 먹고 산다.

수　　진 : 엄마, 태극기는 왜 꺼내셨어요?

어머니 : 오늘이 삼일절이라서 태극기를 달려고 꺼냈지.

수　　진 : 오늘이 삼일절이에요? 그런데 삼일절은 어떤 날이에요?

어머니 : 수진아, 삼일절은 3·1 운동을 기념하는 날이야. 3·1 운동은 들어 봤니?

수　　진 : 네. 그런데 어떤 일이 있었는지는 잘 몰라요.

어머니 : 그럼 엄마가 알려 줄게. 옛날에 일본이 우리나라에 쳐들어왔던 건 알지?

수　　진 : 그럼요. 이순신 장군이 물리쳤잖아요.

어머니 : 그건 임진왜란이고 400년도 더 지난 일이란다. 엄마가 말하려는 건 지금부터 약 110년 전의 일이야.

수　　진 : 110년 전에도 일본이 우리나라에 쳐들어왔어요?

어머니 : 그래. 1910년에 일본이 우리나라에 쳐들어와서 나라를 빼앗고 우리말과 글을 못 쓰게 했단다. 대신 일본어를 배우고, 일본 이름을 써야 했어. 그래서 나라를 되찾으려는 사람들이 몰래 모여 독립운동을 했지.

수　　진 : 독립운동은 알겠는데 3·1 운동은 뭐예요?

어머니 : 나라를 대표하는 사람 33명이 모여서, 일본이 우리나라를 침략한 사실과, 독립에 대한 우리 겨레의 열망을 전 세계에 알리려고 했어. 그래서 우리나라가 독립 국가임을 알리는 글을 썼지. 드디어 1919년 3월 1일, 탑골공원에 모인 많은 사람과 함께 그 글을 읽고 '대한 독립 만세'를 외쳤단다.

수　진 : 아, 그때의 일을 기념하려고 삼일절을 만들었군요.

어머니 : 3월에 시작한 이 만세 운동은 그해 5월까지 이어졌단다. 200만 명이 넘는 사람이 만세 운동에 참여했고 7,500명 넘게 죽었어. 다치거나 감옥에 갇힌 사람은 셀 수 없을 만큼 많았지. 하지만 슬픈 일만 있었던 건 아니란다. 3·1 운동 이야기가 널리 퍼지면서 독립에 대한 우리 겨레의 열망이 얼마나 큰지 전 세계에 알려졌어. 또 우리와 비슷한 처지에 있던 여러 나라에도 독립운동을 하려는 마음을 불러일으켰지.

수　진 : 삼일절에는 조상들의 마음을 되새겨야겠어요. 3·1운동은 우리의 독립을 외친 기쁜 날이기도 하고, 사람이 많이 죽어 슬픈 날이기도 하네요. 그러면 ㉠ 삼일절에는 태극기를 어떻게 달아야 해요?

1 이 글의 중심 낱말은 무엇인가요? |핵심어|

① 일본　　　　　② 임진왜란　　　　　③ 탑골공원

④ 태극기　　　　　⑤ 삼일절

2 아래 설명에 맞는 낱말을 이 글에서 찾아 쓰세요. |어휘|

(1) 같은 핏줄을 이어받은 민족.
　예 남한 사람과 북한 사람은 한 ☐☐ 다. ☐☐

(2) 매우 강하게 바라는 것.
　예 통일에 대한 할아버지의 ☐☐ 이 느껴졌다. ☐☐

3 3·1 운동이 언제 일어났는지 빈칸에 알맞게 쓰세요. ┃내용 파악┃

　　　　　　　　　년　　　월　　　일

4 3·1 운동 때 탑골공원에 모인 사람들은 무엇이라고 외쳤나요? ┃내용 파악┃

5 이 글의 내용으로 옳은 것을 찾으세요. ┃내용 파악┃

① 조선이 일본에서 독립한 것을 기억하기 위해 삼일절을 만들었다.

② 공원에 모여 대한 독립 만세를 외친 사람은 모두 33명이었다.

③ 조선은 1910년에 독립하였다.

④ 우리나라의 독립운동은 3월 한 달 동안만 이루어졌다.

⑤ 3·1 운동은 다른 나라의 독립운동에도 영향을 미쳤다.

6 다음 중 ㉠의 올바른 답을 찾으세요. ┃배경지식┃

① 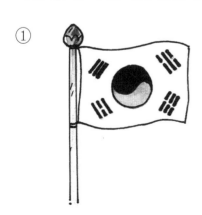　　　②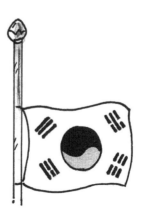

　　설날과 추석은 우리나라의 대표 명절입니다. 이 두 명절에는 친척들이 모여 준비한 음식을 먹으며 하루를 즐깁니다.

　　설날은 음력 1월 1일로, 한 해를 시작하는 날입니다. 이날에는 떡국을 상에 올려 차례를 지냅니다. 차례가 끝나면 떡국을 나누어 먹고, 어른께 세배를 드립니다. 조상의 산소에서 성묘도 합니다.

　　한 해의 농사가 잘 이루어질지 점을 치기도 합니다. 또 이날에는 설빔이라고 하는 새 옷을 입고 하루를 지냅니다. 친척들이 한자리에 모여 윷놀이, 연날리기, 팽이치기, 썰매 타기 등을 즐깁니다.

　　추석은 음력 8월 15일로, '중추절', '한가위'라고도 합니다. 한 해 농사를 무사히 끝낸 것을 조상님께 감사하는 날입니다. 이날 아침에는 햅쌀로 빚은 송편과 햇과일로 상을 차려 차례를 지냅니다. 그 뒤에는 설날과 마찬가지로 성묘를 합니다.

　　낮에는 마을 사람들이 모두 모여 널뛰기, 윷놀이, 줄다리기 등을 하고 밤에는 여자들이 달빛 아래서 강강술래를 합니다. 또 둥근달을 보면서 소원을 비는 '달맞이'도 합니다.

1　이 글의 중심 낱말을 쓰세요. | 핵심어 |

☐☐　과　☐☐

2 다음 설명에 어울리는 낱말을 윗글에서 찾아 쓰세요. |어휘|

(1) | 사람의 무덤을 높여 이르는 말. | | |

(2) | 명절에 지내는 간단한 제사. | | |

(3) | 그해에 새로 거두어들인 쌀. | | |

(4) | 조상의 무덤에 가서 인사를 드리고 무덤을 돌보는 일. | | |

(5) | 그해에 새로 난 과일. | | | |

3 추석을 다른 말로 무엇이라고 부르나요? 둘 다 쓰세요. |내용 파악|

_____ , _____

4 다음 중 설날과 관련이 <u>없는</u> 것을 찾으세요. |내용 파악|

① 차례　　　　　　　　② 세배
③ 설빔　　　　　　　　④ 윷놀이
⑤ 달맞이

5 다음 중 이 글에 담기지 <u>않은</u> 내용은 무엇인가요? | 내용 파악 |

① 설날과 추석의 공통점.

② 설날과 추석의 날짜.

③ 설날과 추석에 먹는 음식.

④ 설날과 추석에 즐기는 놀이.

⑤ 설날과 추석이 처음 생겨난 때.

6 다음은 이 글의 내용을 정리한 표입니다. 빈칸에 알맞은 내용을 쓰세요. | 내용 파악 |

	설날	추석
차이점	① [　　] 을 먹는다. ② 연날리기, 팽이치기, 썰매 타기를 즐긴다.	① [　　] 과 햇과일을 먹는다. ② 널뛰기, 줄다리기, 강강술래, 달맞이를 즐긴다.
공통점	① 우리나라의 대표 명절이다. ② 친척들이 모여 준비한 음식을 먹으며 하루를 즐긴다. ③ [　　] 으로 날짜를 정한다. ④ 윷놀이를 즐긴다. ⑤ 차례와 성묘를 한다.	

7 다음 중 추석에 주로 즐기는 놀이가 <u>아닌</u> 것을 찾으세요. |적용|

① ② ③ ④

8 다음 설명에 맞는 명절을 쓰세요. |배경지식|

이날은 음력 1월 15일이다. 여러 곡식을 넣은 오곡밥을 지어 먹는다. 건강을 위해 부럼(딱딱한 껍데기의 열매)을 깨 먹고, 쥐불놀이(밤에 아이들이 길게 줄을 단 깡통에 나무를 넣고 불을 붙여 빙빙 돌리는 놀이)를 즐긴다.

ㄷ	ㅂ	ㄹ

첫서리가 내릴 때쯤 감나무의 감이 누렇게 익어갑니다. 이럴 때가 곶감을 만들기에는 아주 좋습니다.

곶감은 껍질을 벗겨 말린 감을 말합니다. 곶감을 만들려면 제일 먼저 감을 따야 합니다. 다 익지 않아 떫은맛이 남아 있는 감을 땁니다. 딸 때에는 바닥에 떨어지거나 감에 상처가 나지 않게 조심합니다.

따 놓은 감 가운데에서 곶감이 될 만한 것을 골라냅니다. 물렁물렁한 감, 상처 났거나 쪼개진 감, 너무 작은 감 등은 곶감으로 만들기에 적당하지 않습니다.

잘 골라낸 감은 껍질을 깎습니다. 감 껍질을 깎는 일은 생각보다 쉽지 않습니다. 진이 찐득찐득하고 미끄러워 감을 놓치기 쉽기 때문입니다. 껍질을 깎을 때 꼭지는 꼭 남겨 두어야 합니다. 꼭지가 없으면 새끼줄이나 실에 엮을 수 없기 때문입니다.

깎은 감은 몇 개씩 새끼줄이나 실에 엮습니다. 지역에 따라 얇은 대나무 막대에 꿰어 놓는 경우도 있습니다. 실에 엮을 때에는 감이 떨어지지 않도록 단단히 매듭을 지어야 합니다.

마지막으로 곶감을 ㉠ 말립니다. 햇볕이 잘 들고 바람이 잘 통하는 곳에 매달아 건조합니다. 그러면 처음에는 곶감 겉에 진이 베어 나옵니다. 열흘쯤 지나면 진이 말라 하얀 가루로 변합니다. 이때 감에서 씨를 빼내고 모양을 예쁘게 만져 주기도 합니다.

열흘쯤 더 말리면 맛있고 색깔이 고운 곶감이 완성됩니다.

* 첫서리: 그해 가을에 처음으로 내리는 서리(공기 중의 수증기가 물체 표면에 얼어붙은 것).

* 새끼줄: 짚(벼나 보리 등의 마른 줄기)으로 꼬아 만든 줄.

* 매듭: 실, 끈 들을 풀리지 않게 잡아맨 것.

1 이 글에서 가장 중요한 낱말은 무엇인가요? |핵심어|

① 감   ② 감나무   ③ 껍질
④ 곶감   ⑤ 새끼줄

2 ㉠의 비슷한말을 이 글에서 찾아 쓰세요. |어휘|

_____

3 아래 뜻을 지닌 낱말을 이 글에서 찾아 쓰세요. |어휘|

> 풀이나 나무 따위에서 흘러나오는 끈끈한 물.

_____

4 다음 설명 중 이 글의 내용과 맞는 것을 찾으세요. | 내용 파악 |

① 빨갛게 잘 익은 감으로 곶감을 만든다.

② 곶감은 창문을 닫고 방 안에서 말린다.

③ 껍질을 벗겨 열흘 동안 말리면 맛있는 곶감이 완성된다.

④ 곶감을 만들기에 알맞은 계절은 가을이다.

⑤ 얇은 대나무 막대에 꿰어 말린 것은 곶감이 아니다.

5 빈칸을 채워 곶감 만드는 과정을 완성하세요. | 내용 파악 |

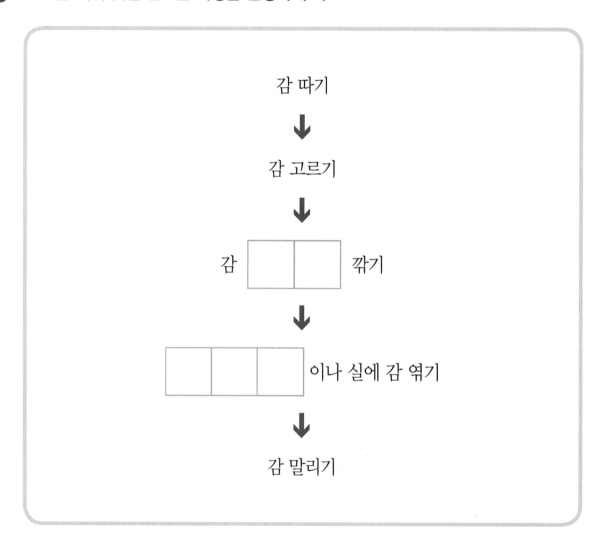

6 보기를 보고, 밑줄과 같은 방식으로 아래 문장의 까닭을 쓰세요. | 내용 파악 |

> 꼭지는 꼭 남겨 두어야 합니다.
> ⋯▶ 꼭지가 없으면 새끼줄이나 실에 엮을 수 없기 <u>때문입니다.</u>

> 감 껍질을 깎는 일은 쉽지 않습니다.

7 곶감으로 만들 수 있는 감을 찾으세요. | 내용 파악 |

① 다 익지 않아 떫은 감.　　　② 아주 잘 익은 감.
③ 상처가 난 감.　　　④ 쪼개진 감.
⑤ 아주 작은 감.

8 '물렁하게 잘 익은 감'을 '홍시'라고 합니다. 홍시와 같은 뜻을 지닌 낱말을 찾으세요. | 어휘 |

① 밀감　　　② 연감
③ 단감　　　④ 영감
⑤ 풋감

[가]
제 친구 성재민을 소개합니다. 키는 우리 반에서 가장 작습니다. 파마를 하여 머리가 곱슬곱슬하고 안경을 쓰고 있습니다. 성격이 밝고, 친구들에게 말을 재미있게 해서 인기가 많습니다. 또 달리기를 잘해서 치타라는 별명이 있습니다.

사람을 소개할 때에는, 다른 사람과 구별되는, 그 사람만의 특징 몇 가지를 말합니다. 그렇다면 우리나라를 설명할 때에는 어떤 내용을 담아야 할까요?

사람에게 있는 것처럼 나라에도 이름이 있습니다. 우리나라의 정확한 이름은 '대한민국'입니다. 짧게 부를 때에는 '대한'이나 '한국'이라고도 합니다.

국기는 나라를 상징하는 깃발입니다. 우리나라 국기는 태극기입니다. 바탕은 하얀색으로, '평화'를 상징합니다. 가운데에는 둥근 무늬의 '태극'이 있는데, 위의 붉은색은 '밝음'을, 아래의 파란색은 '어둠'을 나타냅니다. 태극 무늬 주변에는 네 곳에 검은색 막대 모양의 굵은 선이 있습니다. 이것을 '괘'라고 부릅니다. 이 괘는 왼쪽 위부터 시계 방향으로 '건', '감', '곤', '이'라 부르는데, '하늘', '물', '땅', '불'을 상징합니다.

애국가는 우리나라를 나타내는 노래로, 전체가 4절로 이루어져 있습니다. 애국가의 노랫말에는 나라를 아끼고 사랑하는 마음이 담겨 있습니다.

* 상징: 눈에 보이지 않거나 분명하지 않은 것을 구체적인 사물로 나타내는 일.

우리나라를 상징하는 꽃도 있습니다. 무궁화는 7월부터 10월까지 핍니다. 매일 이른 새벽에 피어 저녁이 되면 꽃잎이 시들어 떨어집니다. 그러나 다음 날이 되면 새 꽃이 또 피어납니다. 그 모습이 부지런하고 끈기 있는 우리 겨레와 닮았기 때문에, 무궁화는 우리나라를 나타내는 꽃이 되었습니다.

1 이 글에 가장 잘 어울리는 제목은 무엇인가요? |제목|

① 우리나라의 이름
② 우리나라의 역사
③ 애국가의 가사
④ 태극기의 의미
⑤ 우리나라를 나타내는 것들

2 무궁화의 특징은 '부지런함'과 '끈기'입니다. 다음은 무엇과 관련 있나요? |추론|

(1) 매일 이른 새벽에 핀다.

_____

(2) 꽃이 져도 다음 날 새 꽃이 다시 핀다.

_____

3 이 글의 내용으로 맞는 것에는 O, 틀린 것에는 X 하세요. |내용 파악|

① 우리나라의 이름을 '대한'이라고도 부른다.　　　　　　(　　　)

② 태극은 한 가지 색깔로 이루어졌다.　　　　　　　　　(　　　)

③ 애국가는 3절까지 있다.　　　　　　　　　　　　　　(　　　)

④ 무궁화는 7월부터 10월까지 핀다.　　　　　　　　　　(　　　)

4 태극기의 각 색깔이 상징하는 의미를 쓰세요. |내용 파악|

(1)　태극기의 바탕 하얀색.

　　　_____

(2)　태극의 위쪽 붉은색.

　　　_____

(3)　태극의 아래쪽 파란색.

　　　_____

5 태극기의 괘와 그 의미를 바르게 짝지으세요. |내용 파악|

(1) 건(☰)　•　　　　　　•　물

(2) 감(☵)　•　　　　　　•　불

(3) 곤(☷)　•　　　　　　•　하늘

(4) 이(☲)　•　　　　　　•　땅

6 이 글의 내용을 정리했습니다. 빈칸에 알맞은 낱말을 쓰세요. |내용 파악|

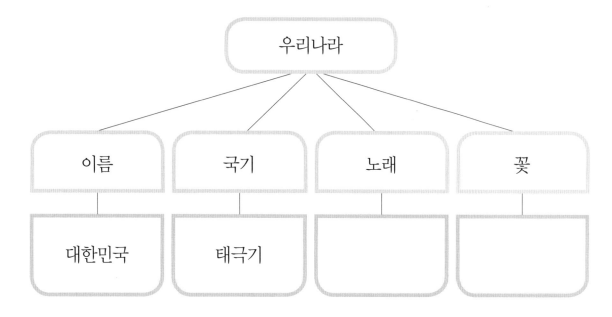

7 다음은 김진영을 소개한 글입니다. 다음 글에는 있지만 [가]에는 실리지 <u>않은</u> 내용을 찾으세요. |적용|

> 김진영을 소개합니다. 진영이는 우리 반에서 저와 가장 친한 친구입니다. 우리 반 여자아이들 가운데에서 머리가 제일 짧으며 거의 매일 머리띠를 하고 다닙니다. 그래서 친구들에게 '머리띠 공주'라고 불리고 있습니다. 활발해서 처음 만나는 친구들과도 금방 친해집니다. 우리 아파트 3층에 살고 있어서 저는 매일 진영이와 학교에 같이 가고 있습니다.

① 이름   ② 겉모습

③ 성격   ④ 별명

⑤ 사는 곳

　가끔 텔레비전에서 목뼈나 등뼈가 휘어 치료를 받는 학생들을 볼 수 있습니다. 가장 큰 까닭은 평소에 바르지 않은 자세로 지내기 때문입니다.

　의자에 앉을 때는, 엉덩이를 의자 깊숙이 넣고, 허리와 등은 의자 등받이에 딱 붙입니다. 다리는 가지런히 모으며 양발은 땅에 붙입니다.

　팔짱을 끼거나 한쪽 다리에만 힘을 주어 비뚤게 서는 자세는 좋지 않습니다. 가슴과 허리를 반듯하게 펴고, 양쪽 어깨는 높이를 맞추어 섭니다.

　허리를 곧게 세우고 앞을 보며 걷습니다. 발꿈치가 먼저 바닥에 닿도록 내디디며 두 무릎이 살짝 스치듯이 걷는 것이 좋습니다.

　자세를 바르게 하는 습관은 건강을 지키고 키가 자라는 데에 도움을 줍니다. 특히 성장기의 학생들은 바른 자세에 관심을 더욱 많이 기울여야 합니다.

* 발꿈치: 발 뒤쪽의 불룩하고 둥그스름한 부분.
* 성장기: 성장하는 시기.

1 이 글의 주제로 알맞은 것을 고르세요. ❘주제❘

① 엉덩이를 의자 깊숙이 넣어 앉자.

② 가슴과 허리를 반듯하게 펴고 서자.

③ 허리를 곧게 세우고 걷자.

④ 자세를 바르게 하자.

⑤ 건강에 관심을 기울이자.

2 빈칸에 알맞은 낱말을 앞 글에서 찾아 문장을 완성하세요. | 내용 파악 |

| | | 가 바르지 않으면 목뼈나 등뼈가 휘기도 한다.

3 다음 중 이 글의 내용과 <u>다른</u> 것을 고르세요. | 내용 파악 |

① 자세를 바르게 하는 습관은 키가 자라는 데에 도움을 준다.

② 건강하게 자라려면 자세를 바르게 해야 한다.

③ 의자에 앉을 때는 엉덩이를 깊숙이 넣고, 허리와 등은 의자 등받이에 붙인다.

④ 서 있을 때는 가슴과 허리를 반듯하게 편다.

⑤ 걸을 때는 허리를 곧게 세우고 땅을 보며 걷는다.

4 다음 중 바르게 앉은 자세를 찾으세요. | 적용 |

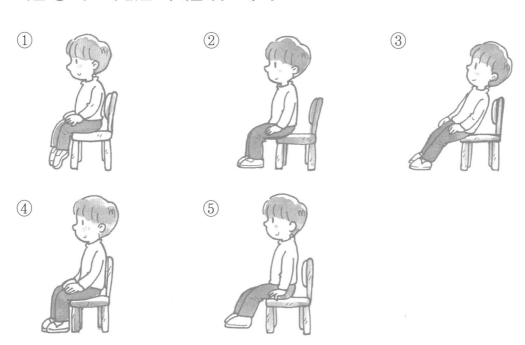

습관이란, 오랫동안 되풀이하여 몸에 굳은 행동입니다. 일찍 자고 일찍 일어나기, 음식 골고루 먹기, 고운 말 쓰기 등은 좋은 습관입니다. 반면에 코 후비기, 손톱 물어뜯기, 늦잠 자기, 편식 등은 나쁜 습관입니다.

나쁜 습관은 꼭 고쳐야 합니다. 자신에게 해롭고 다른 사람에게도 피해를 줄 수 있기 때문입니다. 예를 들어, 코를 후비면 손에 있던 병균이 콧속으로 들어가 질병에 걸릴 수도 있습니다. 그리고 더러워서 보는 사람을 기분 나쁘게 합니다.

'㉠ [　　　　　　]'라는 속담이 있습니다. 어릴 때 생긴 버릇은 늙어서도 고치기 어렵다는 뜻입니다. 한번 몸에 밴 습관은 고치기 어렵습니다. 따라서 나쁜 습관은 빨리 고치는 것이 좋습니다.

* 반면: 뒤에 오는 말이 앞의 내용과 반대됨을 나타내는 말.

1 글쓴이가 말하고자 하는 내용은 무엇인가요? ㅣ주제ㅣ

① 습관에는 좋은 습관과 나쁜 습관이 있다.

② 좋은 습관을 기르자.

③ 고운 말을 쓰자.

④ 나쁜 습관을 고치자.

⑤ 한번 들인 습관은 고치기 어렵다.

2 이 글의 내용과 가장 거리가 먼 것을 고르세요. | 내용 파악 |

① 습관은 오랫동안 되풀이하여 몸에 굳은 행동이다.

② 일찍 일어나기, 음식 골고루 먹기 등은 좋은 습관이다.

③ 코 후비기, 손톱 물어뜯기 등은 나쁜 습관이다.

④ 습관은 마음먹기에 따라 쉽게 고칠 수 있다.

⑤ 나쁜 습관은 어릴 때 얼른 고쳐야 한다.

3 다음 중 ㉠에 들어갈 속담으로 알맞은 것은 무엇인가요? | 추론 |

① 소 잃고 외양간 고친다   ② 낫 놓고 기역 자도 모른다

③ 가는 말이 고와야 오는 말이 곱다   ④ 세 살 적 버릇 여든까지 간다

⑤ 낮말은 새가 듣고 밤말은 쥐가 듣는다

4 '어떤 음식만을 가려서 즐겨 먹음'의 뜻을 지닌 낱말을 찾아 쓰세요. | 어휘 |

5 이 글을 읽고 가장 알맞게 행동한 사람은 누구인가요? | 적용 |

① 서진: 나쁜 말을 할까 봐 친구들에게 아예 말을 걸지 않았어.

② 가은: 저녁 7시에 자서 새벽 2시에 일어나려고 노력 중이야.

③ 은우: 용돈을 아껴 쓰려고 용돈을 쓸 때마다 그 내용을 공책에 적고 있어.

④ 정연: 코를 후비지 않으려고 손톱을 기르고 있어.

⑤ 원영: 내가 좋아하는 음식은 안 먹고, 싫어하는 음식만 먹고 있어.

　주변을 보면 음식을 가려 먹는 친구들을 쉽게 찾을 수 있습니다. 어떤 음식은 좋아해서 많이 먹지만, 어떤 음식은 싫어해서 입에도 대지 않습니다. 이것은 나쁜 습관입니다. 음식은 골고루 먹어야 합니다.

　우리가 건강하게 지내기 위해서는 여러 영양소가 필요합니다. 음식마다 그 안에 들어 있는 영양소는 다릅니다. 만일 좋아하는 음식만 먹는다면, 그 음식 안에 있는 영양소만 먹게 되어 우리 몸이 건강할 수 없습니다.

　특히 초콜릿, 탄산음료와 같은 단 음식이나, 피자, 닭고기 튀김, 햄버거 같은 기름진 음식만 먹는다면 이가 썩거나 살이 찌기 쉽습니다. 하지만 채소나 과일에는 ㉠ 그런 음식에 없는 좋은 영양소가 듬뿍 들어 있습니다.

　우리는 학교에서 여러 교과목을 배웁니다. 여러 과목을 공부하여 폭넓은 지식을 쌓는 것처럼, 음식도 골고루 먹어야 우리 몸을 건강하게 지킬 수 있습니다.

1　이 글에서 글쓴이가 말하고자 하는 내용은 무엇인가요? | 주제 |

① 채소를 잘 먹어야 한다.

② 좋아하는 음식을 골라 먹어야 한다.

③ 기름진 음식을 먹지 말아야 한다.

④ 음식을 골고루 먹어야 한다.

⑤ 음식을 너무 많이 먹지 말아야 한다.

2 다음 중 뜻풀이가 <u>잘못된</u> 것을 고르세요. | 어휘 |

① 습관: 오랫동안 되풀이해 몸에 익은 행동.

② 영양소: 생물이 살아가고 성장하는 데에 필요한 영양분이 들어 있는 물질.

③ 탄산음료: 시원한 느낌을 주는 액체. 콜라, 사이다 등.

④ 듬뿍: 적거나 모자라게.

⑤ 교과목: 학교에서 가르쳐야 할 지식을 나누어 놓은 것.

3 이 글에서 말하는, 음식을 골고루 먹어야 하는 까닭을 찾으세요. | 내용 파악 |

① 음식마다 맛이 달라서.　　　② 골고루 먹으면 날씬해져서.

③ 부모님께 꾸중을 들어서.　　　④ 이가 썩지 않아서.

⑤ 우리 몸을 건강하게 할 수 있어서.

4 ㉠과 거리가 <u>먼</u> 것은 무엇인가요? | 추론 |

① 초콜릿　　② 시금치　　③ 햄　　④ 피자　　⑤ 닭고기튀김

5 빈칸에 알맞은 말을 넣어 이 글을 요약하세요. | 요약 |

음식을 [　][　][　] 먹자. 음식에는 서로 다른 영양소가 들어 있다. 달고 기름진 음식만 먹으면 [　]가 썩거나 [　]이 찔 수 있다. 건강을 위해 음식을 [　][　][　] 먹어서 우리 몸을 건강하게 지키자.

우리는 학교에서 친구와 함께 공부하고, 학교 밖에서는 친구와 어울려 놉니다. 내가 모르는 것을 친구가 가르쳐 주기도 하고, 내가 다쳤을 때는 친구가 걱정해 주기도 합니다. 친구는 가족처럼 늘 내 곁에 있는 사람입니다. 따라서 친구와 사이좋게 지내는 것이 좋습니다.

친구와 사이좋게 지내려면 친구와 한 약속을 잘 지켜야 합니다. 약속을 지키지 않으면 친구 사이에 믿음이 깨집니다. 또 서로 믿지 못하면 친구 사이가 점점 멀어집니다.

아무리 가까운 사이라도 말을 가려서 해야 합니다. 가깝다고 말을 함부로 하면 친구의 마음을 아프게 하여 둘 사이에 ㉠ 금이 갈 수 있습니다. 친구가 듣기 싫어하는 별명, 친구를 깔보는 말, 상스러운 말 등을 하면 안 됩니다.

친구가 나에게 친절을 베풀었을 때는 고맙다는 말을 해야 합니다. 가까운 사이라고 그냥 지나치거나 쑥스러워서 고맙다는 표현을 안 하면 친구가 섭섭할 수 있습니다. 마찬가지로 미안한 일이 있을 때에도 꼭 사과해야 합니다.

친구는 가족과 같습니다. 서로 위해 주고 아껴 주며 정답게 지내야 합니다.

* 가려서: 좋은 것과 나쁜 것 따위를 구별해서.

1 이 글에서 가장 중요한 낱말은 무엇인가요? | 핵심어 |

① 학교　　　② 친구　　　③ 가족

④ 약속　　　⑤ 별명

2 밑줄 친 ㉠의 뜻으로 알맞은 것을 고르세요. | 어휘 |

① 금을 긋고 지낼 수 있다.　　　② 몸싸움을 할 수 있다.

③ 서로 비밀이 생길 수 있다.　　④ 사이가 나빠질 수 있다.

⑤ 보물이 생길 수 있다.

3 빈칸을 채워 표를 완성하세요. | 요약 |

주장	친구와 [　][　][　][　] 지내자
방법	① 친구와 한 [　][　] 을 잘 지킨다. ② 친구와 대화를 할 때는 말을 [　][　][　] 한다. ③ 친구에게 감사와 사과를 잘 전한다.

4 다음 중 친구와 사이좋게 지내는 방법과 거리가 <u>먼</u> 것을 고르세요. | 적용 |

① 나은이가 싫어하는 별명을 부르지 않기로 했다.

② 은영이가 미안하다고 해서 괜찮다고 말해 주었다.

③ 친구들과 한 약속 시간보다 조금 일찍 나가려고 한다.

④ 준수가 지우개를 빌려주어서 고맙다고 말했다.

⑤ 전에 희수가 내 발을 밟았으니 내가 희수의 발을 밟아도 사과하지 않겠다.

선생님께

[가] 선생님, 안녕하세요? 저 준수예요.

[나] 우리 교실에도 학급 문고를 만들면 좋겠어요. 학급 문고가 있으면 책을 자주 읽을 수 있을 거예요. 쉬는 시간에도 책을 읽고 싶은데 도서실은 너무 멀어서 쉬는 시간에 다녀오기 힘들어요. 그리고 집에 있는 책을 갖고 다니면 가방이 너무 무거워요.

[다] 또 학급 문고가 있으면 책을 더 재미있게 읽을 수 있을 것 같아요. 학교에서 책을 읽으면 어떤 점이 재미있었는지, 느낀 점은 무엇인지 친구들과 이야기를 쉽게 나눌 수 있어요. 그러면 책의 내용을 더 오래 기억할 수 있을 거예요.

[라] 학급 문고가 있으면 집에서 읽은 책을 다시 활용할 수 있어요. 집에 있는 책은 한 번 읽으면 다시 읽지 않고 꽂아만 두어서 아까워요. 하지만 집에서 읽은 책을 학급 문고로 가져오면 친구들도 읽을 수 있어요.

[마] 선생님, 옆 반에는 지난주에 학급 문고를 만들었다고 해요. 우리 교실에도 학급 문고를 만들면 좋겠어요.

20○○년 ○월 ○일
김준수 올림

1 준수가 이 글에서 말하고자 하는 내용은 무엇인가요? ┃주제┃

① 선생님, 책 읽기가 제일 좋아요.

② 선생님, 도서실을 만들어 주세요.

③ 선생님, 쉬는 시간을 늘려 주세요.

④ 선생님, 가방이 너무 무거워요.

⑤ 선생님, 학급 문고를 만들어 주세요.

2 다음 중 준수의 주장에 대한 까닭이 <u>아닌</u> 것은 무엇인가요? ┃내용 파악┃

① 책을 자주 읽을 수 있다.

② 쉬는 시간에도 책을 읽을 수 있다.

③ 책을 읽고 친구들과 느낀 점을 나눌 수 있다.

④ 책을 집으로 가져갈 수 있다.

⑤ 책을 여러 사람이 읽을 수 있다.

3 다음 글을 읽고, 관련이 있는 부분을 앞 글에서 고르세요. ┃적용┃

> 짝꿍 혜승이와 함께 책을 읽었다. 우리는 학급 문고에 있는 책 가운데 '흥부와 놀부'를 골랐다. 나는 놀부가 벌을 받을 때 고소했는데, 혜승이는 벌이 너무 심하다고 말했다. 같은 책을 읽어도 이렇게 느낀 점이 다를 수 있다는 것을 알았다.

① [가]　　　② [나]　　　③ [다]　　　④ [라]　　　⑤ [마]

[가] 물놀이를 할 때에는 조금만 방심해도 큰 사고가 날 수 있습니다. 하지만 다음 규칙을 지키면 물놀이를 안전하게 즐길 수 있습니다.

[나] 첫째, 먹은 음식이 충분히 소화된 뒤에 물놀이를 합니다. 소화가 안 된 상태에서 물놀이를 하면 평소보다 숨쉬기가 힘들어져 위험합니다.

[다] 둘째, 다리, 팔, 얼굴, 가슴의 순서로 물을 적신 후에 들어갑니다. 심장이 충격을 받지 않게 보호합니다.

[라] 셋째, 물에 들어가기 전에 준비 운동을 열심히 합니다. 갑자기 물에 들어가서 ㉠ 팔, 다리에 [   ]가(이) 나면 위험에 빠질 수 있습니다.

[마] 넷째, 너무 오랜 시간 물에서 놀지 않습니다. 중간중간 휴식 시간을 가져서 몸이 지치지 않게 합니다.

[바] 물놀이 장소는 즐거운 놀이터이기도 하지만 이런 규칙을 지키지 않으면 위험할 수 있다는 사실을 꼭 기억해야 합니다.

1 이 글의 제목으로 알맞은 것을 고르세요. |제목|

① 재미있는 물놀이

② 위험한 물놀이

③ 물놀이 전에 해야 하는 준비 운동

④ 물놀이 안전 규칙

⑤ 여름은 물놀이의 계절

2 다음 중 이 글의 내용과 거리가 먼 것은 무엇인가요? | 내용 파악 |

① 물놀이를 할 때에는 중간중간에 휴식을 취한다.

② 물놀이를 하기 전에는 반드시 준비 운동을 한다.

③ 음식이 충분히 소화된 뒤에 물놀이를 시작한다.

④ 가슴, 팔, 다리 순서로 물을 묻히고 들어간다.

⑤ 너무 오랜 시간 물에서 놀지 않는다.

3 다음은 ㉠의 상황을 설명한 글입니다. ㉠의 빈칸에 들어갈 낱말을 고르세요. | 어휘 |

> 찬혁이는 준비 운동을 하지 않은 채 물에 들어갔습니다. 신나게 수영을 하는데 10분도 안 돼 다리가 뻣뻣해지면서 움직일 수 없었습니다. 물에서 허우적거리던 찬혁이를 아버지가 발견하지 못했더라면 큰 사고가 날 뻔했습니다.

① 상처   ② 쥐   ③ 골절

④ 피부병   ⑤ 소름

4 아래의 내용과 어울리는 문단은 어느 것일까요? | 적용 |

> 물속에 오래 있으면 체온이 내려가 위험합니다. 따라서 40분 동안 물에서 놀면 20분 정도 물 밖에 나와 쉬는 것이 좋습니다.

① [가]   ② [나]   ③ [다]

④ [라]   ⑤ [마]   ⑥ [바]

　　여러분은 학교와 집에서 정리를 잘하나요? 정리란 흐트러진 것을 한데 모으거나, 물건을 두어야 할 곳에 잘 두는 것을 말합니다. 정리를 잘하면 주변이 깨끗해져 기분이 상쾌하고, 필요한 물건을 쉽게 찾을 수 있습니다. 또 ㉠ 물건을 오래 쓸 수 있습니다.

　　정리를 잘하려면, ㉡ 쓰고 난 물건은 반드시 제자리에 둡니다. 책을 읽고 나서는 책꽂이에 꽂고, 장난감을 가지고 논 다음에는 장난감 통에 넣습니다. 옷은 옷장에 걸고, 신발은 신발장에 가지런히 넣습니다.

　　필요한 물건과 그렇지 않은 물건을 구분합니다. 필요한 물건은 같은 종류끼리 모아 보관하고, 자주 쓰는 물건은 가까운 곳에 둡니다. ㉢ 필요하지 않은 물건은 버리거나 필요한 사람에게 나누어 줍니다.

　　학교에서 사용하는 물건도 잘 정리합니다. 책상 줄을 잘 맞추고 의자는 책상 안쪽에 넣습니다. ㉣ 사물함 속의 물건도 잘 정리하고 문을 꼭 닫아 둡니다. 청소 도구를 사용한 후에는 도구함에 바르게 넣습니다.

　　㉤ 정리를 잘해 깨끗한 환경에서 생활합시다.

1 이 글에서 가장 중요한 말은 무엇인가요? | 핵심어 |

① 학교　　　　　　　② 집

③ 물건　　　　　　　④ 정리

⑤ 깨끗한 환경

2 이 글의 중심 생각이 가장 잘 나타난 부분을 고르세요. | 주제 |

① ㉠   ② ㉡   ③ ㉢

④ ㉣   ⑤ ㉤

3 이 글에 나타난, 정리의 장점이 <u>아닌</u> 것을 고르세요. | 내용 파악 |

① 물건을 오래 쓸 수 있다.   ② 물건을 잘 살 수 있다.

③ 기분이 상쾌해진다.   ④ 주변이 깨끗해진다.

⑤ 필요한 물건을 쉽게 찾아 쓸 수 있다.

4 다음 중 정리하는 방법으로 바르지 <u>않은</u> 것을 고르세요. | 내용 파악 |

① 쓰고 난 물건은 제자리에 둔다.

② 같은 종류의 물건끼리 모아 보관한다.

③ 눈에 띄지 않게 깊숙이 넣어 둔다.

④ 책상 줄을 잘 맞춘다.

⑤ 자주 쓰는 물건은 가까운 곳에 둔다.

5 밑줄 친 ㉠의 까닭은 무엇일까요? | 추론 |

① 별로 사용하지 않아서.

② 잃어버리지 않기 때문에.

③ 비싼 물건이기 때문에.

④ 쉽게 찾을 수 없어서.

⑤ 남들이 빌려 가지 않아서.

사람과 사람 사이에 마음과 행동으로 지켜야 할 것이 있습니다. 바로 예절입니다. ㉠ 그것 가운데 가장 기본이 되는 것이 인사입니다.

인사는 하는 사람, 받는 사람 모두를 기분 좋게 합니다. 인사할 때에는 보통 미소를 짓습니다. 웃는 얼굴로 인사하면 자신의 마음도 밝아지고, 상대방도 기분이 좋아집니다.

이웃 간에 인사를 나누기 시작하면 서로 조금씩 관심을 기울여 사이가 좋아집니다. 인사를 나누기 전에는 관심 없던 이웃도 인사를 하고 나면 친구처럼 가깝게 느껴집니다. 또 이웃에게 나쁜 일이 생기면 안쓰러운 마음이 들어 위로하기도 하고, 좋은 일에는 축하해 줄 수도 있습니다.

친한 사이라도 인사를 잘해야 합니다. 아는 사람을 만났을 때, 인사를 하지 않으면 어색합니다. 고마운 일이나 미안한 일이 있을 때 인사를 잘해야 합니다. 쑥스러워서, 친한 사람이니 나를 이해해 주겠지 하는 마음으로 지나치면 상대방이 오해할 수 있습니다.

마주칠 때마다 자연스럽게 인사를 나누는 것이 좋습니다. 하루에 한 번 인사를 하고 마는 것이 아니라, 마주칠 때마다 가볍게 인사를 합니다. 화장실이나 엘리베이터, 사람이 많은 곳 등에서는 가볍게 고개를 숙이거나 미소를 지어 간단히 인사합니다.

마음은 표현해야 상대방이 알 수 있습니다. 인사를 하면 만나서 반가운 마음, 고맙거나 미안한 마음을 상대방에게 잘 알릴 수 있습니다.

* 안쓰러운: 남의 처지나 형편이 가엽고 불쌍한.

1 이 글에서 가장 중요한 낱말은 무엇인가요? | 핵심어 |

① 웃어른   ② 친구   ③ 인사
④ 얼굴   ⑤ 습관

2 글쓴이가 이 글에서 전하려고 한 말은 무엇인가요? | 주제 |

① 인사를 하지 않으면 기분이 나쁘다.
② 인사를 잘하자.
③ 웃어른께 인사를 잘하자.
④ 이웃과 친하게 지내자.
⑤ 웃으며 인사하자.

3 밑줄 친 ㉠이 가리키는 것은 무엇인가요? | 내용 파악 |

① 마음가짐   ② 몸가짐   ③ 사람
④ 예절   ⑤ 인사

4 이 글의 내용과 <u>다른</u> 것을 고르세요. | 내용 파악 |

① 예절은 사람 사이에 마음과 행동으로 지켜야 할 것이다.
② 인사를 하면 서로 사이가 좋아진다.
③ 인사를 하는 사람은 즐겁지 않다.
④ 인사는 만날 때마다 해야 한다.
⑤ 친한 사이라도 인사를 잘해야 한다.

5 다음 상황에서는 어떻게 인사해야 할지 가장 알맞은 것을 고르세요. |적용|

> 사람이 많은 길에서 멀리 계시는 담임 선생님을 보았다.

① 사람들을 밀치고 선생님께 달려가 허리 굽혀 인사한다.

② 사람들을 밀치고 선생님께 달려가 고개 숙여 가볍게 인사한다.

③ 서로 알아볼 수 있을 정도로 가까워지면 허리 굽혀 큰 소리로 인사한다.

④ 서로 알아볼 수 있는 거리가 되면 고개 숙여 가볍게 인사한다.

⑤ 못 본 척하고 지나친다.

6 아래의 설명을 읽고, 그림에 알맞은 인사를 빈칸에 쓰세요. |배경지식|

악수	: 서로 손을 맞잡고 가볍게 흔든다.
목례	: 고개를 약간 숙이며 눈으로 가볍게 인사한다.
경례	: 바른 자세로 서서 허리를 굽혔다 펴면서 알맞은 인사말을 한다.

(1)　　　　　　(2)　　　　　　(3)

우리가 몸을 씻지 않으면 어떻게 될까요? 머리와 입에서는 기분 나쁜 냄새가 납니다. 또 ㉠ 눈에는 눈곱이, 손톱에는 새까맣게 때가 낄 것입니다. 땀으로 끈적끈적해진 피부에는 먼지와 세균 때문에 뾰루지가 날 수도 있습니다. 그리고 세균이 몸속에 들어와 감기를 비롯한 여러 병에 걸릴 수 있습니다. 그래서 몸을 깨끗이 해야 합니다.

㉡ 밖에 나갔다 온 다음에는 손발을 깨끗이 씻습니다. 손발에는 눈에 보이지 않는 세균이 많습니다. 더러운 손으로 음식을 먹으면 그 세균들이 몸속으로 들어와 병에 걸릴 수 있습니다. 밖에 나가지 않더라도 손발을 자주 씻고, 손톱과 발톱을 짧게 깎는 것이 좋습니다.

입안의 건강을 위해 ㉢ 이를 잘 닦습니다. 음식을 먹고 이를 닦지 않으면 세균 때문에 이가 썩기 쉽습니다. 이를 대충 닦으면 이를 썩게 하는 세균들이 남아 있습니다. 그래서 구석구석 깨끗이 닦아야 합니다. 그러면 입 냄새와 충치를 예방할 수 있습니다.

㉣ 목욕을 자주 합니다. 몸에 묻은 땀과 먼지, 세균을 깨끗이 씻으면 병을 예방할 수 있습니다. 또 몸이 깨끗하면 기분도 산뜻하고 상쾌해집니다.

이처럼 ㉤ 몸을 깨끗이 하면 병을 예방할 수 있습니다. 건강을 지키는 데에는 좋은 음식을 먹는 것과 운동 못지않게 몸을 깨끗이 하는 일이 중요합니다.

* 뾰루지: 속에 고름이 차서 빨갛게 부어오른 살갗.
* 못지않게: 다른 것보다 뒤떨어지거나 못하지 않게.

1 이 글에서 가장 중요한 내용은 무엇인가요? **| 주제 |**

① 손발을 깨끗이 씻자.　　② 이를 잘 닦자.

③ 목욕을 자주 하자.　　④ 건강을 지키자.

⑤ 몸을 깨끗이 씻자.

2 아래에서 설명하는 낱말을 글에서 찾아 쓰세요. **| 어휘 |**

> 맨눈으로 볼 수 없을 만큼 아주 작은 생물. 병을 일으키거나 물체를 썩게 만들기도 한다.

3 몸을 깨끗이 하면 좋은 점을 앞 글에서 찾아 모두 ○표 하세요. **| 내용 파악 |**

① 부모님께 칭찬을 받는다.　　　　　　　　　　(　)

② 기분이 상쾌해진다.　　　　　　　　　　　　(　)

③ 음식을 맛있게 먹을 수 있다.　　　　　　　　(　)

④ 몸에 묻은 땀과 먼지, 세균을 없앨 수 있다.　 (　)

⑤ 병을 예방할 수 있다.　　　　　　　　　　　(　)

4 몸을 깨끗하게 하는 방법으로 알맞게 짝지은 것을 고르세요. **| 내용 파악 |**

① ㉠, ㉡　　　　② ㉠, ㉡, ㉢　　　　③ ㉡, ㉢, ㉣

④ ㉢, ㉣, ㉤　　　　⑤ ㉠, ㉤

5 이 글의 내용과 거리가 <u>먼</u> 것을 고르세요. |내용 파악|

① 잘 씻지 않으면 먼지와 세균 때문에 뽀루지가 날 수 있다.

② 목욕을 자주 하면 병을 예방할 수 있다.

③ 음식을 먹고 이를 닦지 않으면 이가 썩기 쉽다.

④ 손톱과 발톱을 길게 깎으면 세균이 생기는 것을 막을 수 있다.

⑤ 손발에는 눈에 보이지 않는 세균이 많다.

6 다음 중 이 글의 내용과 <u>다르게</u> 행동한 사람은 누구인가요? |적용|

① 혜승: 밥을 먹기 전에 반드시 손을 씻어.

② 정현: 친구들과 공놀이를 하고 나면 목욕을 해.

③ 지은: 생각날 때마다 이를 닦아.

④ 훈민: 손톱과 발톱은 짧게 깎아.

⑤ 소원: 외출하고 집에 돌아오면 손발을 깨끗이 씻어.

7 다음은 이 글을 간추린 것입니다. 빈칸에 알맞은 말을 넣으세요. |요약|

> 몸을 깨끗하게 해야 한다. 그러려면 첫째, ☐☐ 을 깨끗이
>
> 씻는다. 둘째, 이를 잘 닦는다. 셋째, ☐☐ 을 자주 한다. 몸
>
> 이 깨끗하면 병을 ☐☐ 하고 건강을 지킬 수 있다.

세종 대왕에 대한 글입니다.

[가]에는 세종 대왕의 일생을, [나]에는 그 가운데의 한 부분을 담았습니다.

[가]

우리나라 사람들은 여러 이유로 세종을 존경합니다. 훌륭하고 뛰어난 일을 많이 한 임금을 '대왕'이라고 부르는데, 세종도 백성을 위해 한글을 만드는 등 훌륭한 일을 많이 해서 '세종 대왕'이라고 불립니다.

세종은 어렸을 때부터 책 읽기를 무척 좋아했습니다. 한번 손에 쥔 책은 다 읽을 때까지 손에서 놓지 않았으며, 좋은 책은 여러 번 읽어 그 내용을 외울 정도였습니다.

세종의 아버지 태종은 그런 아들을 걱정해서 밤에 책 읽는 것을 말렸습니다. 하지만 세종은 밤늦게까지 책을 내려놓지 않았습니다. 태종은 이 사실을 알고 걱정이 되어 세종의 방에 있던 책을 모두 치워 버린 적도 있었습니다.

세종은 남달리 똑똑했고, 성격은 따뜻하고 부드러웠습니다. 그래서 따르는 사람들이 많았습니다. 이런 모습을 지켜본 태종은 셋째 아들 세종에게 왕의 자리를 물려주었습니다.

임금이 된 세종은 학문에 더욱 열심히 힘을 쏟았고, 학자들을 자기 몸처럼 아끼고 돌보았습니다. 하루는 세종이 늦은 밤까지 책을 읽다가 잠깐 산책을 나섰습니다. 궁궐 이곳저곳을 걷다가 학자들이 연구하는 곳에 이르렀을 때, 한 학자가 연구하다 잠들어 있는 모습을 보았습니다. 세종은 조용히 자신의 옷을 벗어 그 학자의 어깨를 덮어 주었습니다. 이 이야기가 궁궐 내에 퍼지면서 신하들은 세종을 더욱 존경하였습니다.

세종이 임금이던 시절, 우리나라는 글자가 없어 중국 글자인 한자를 쓰고 있었습니다. 그렇지만 한자가 어려워 자신의 이름도 제대로 쓰지 못하는 백성들이 많았습니다. 글을 써서 마을마다 붙여 놓아도 일반 백성들은 그것을 제대로 읽을 수 없어 죄를 짓기도 했습니다. 세종은 신하들에게서 ㉠ 이러한 이야기를 듣고 가슴이 아팠습니다. 그래서 학자들을 불러 ㉡ 누구나 쉽게 익힐 수 있는 글자를 만들라고 명령했습니다. 세종은 학자들과 머리를 맞대고 연구를 한 끝에 우리글 '훈민정음'을 만들어 내었습니다.

조선 시대에, 일반 백성들은 대부분 농사를 지어 먹고살았습니다. 그래서 세종은 농사에 도움을 주고 싶었습니다. 세종은 이천, 장영실 등 과학자들을 불러 농사에도 도움이 될 만한 물건을 만들게 했습니다. 그 결과, 시간을 알려 주는 해시계, 비가 내리는 양을 알려 주는 측우기, 물의 높이를 재는 수표 등도 발명해 내었습니다.

[나]

하루는 세종이 학자들을 불렀습니다.

"백성들이 한자를 잘 아는가?"

"양반들은 잘 알지만, 일반 백성들은 거의 모릅니다. 한자는 배우는 데에 시간이 오래 걸리고 어려워 익히기 어렵습니다."

그 말을 들은 세종은 깊은 생각에 잠겼습니다.

'그래. 백성들은 글을 배우려 해도 일이 바빠 시간이 모자라겠구나. 한 번 배워서는 알기 어려우니 한자를 모르는 건 당연한 일이지. 백성들이 쉽게 익혀 간편하게 쓰고 읽을 수 있는 글을 만들어야 되겠다.'

＊수표: 강이나 저수지 따위의 물 높이를 재기 위해 설치하는 것. 눈금을 그려 높이를 잴 수 있다.

세종은 학자들과 모여 연구한 끝에 마침내 우리글을 만들어 내었습니다. 그리고 그 글자에, '백성을 가르치는 바른 소리'라는 뜻으로 '훈민정음'이라는 이름을 붙였습니다.

1 이 글의 내용과 거리가 <u>먼</u> 것을 찾으세요. | 내용 파악 |

① 세종을 '세종 대왕'이라고 부르기도 한다.
② 학자들이 우리글을 만들자고 세종에게 말했다.
③ 세종은 백성들을 도우려고 했다.
④ 세종은 학자들과 함께 훈민정음을 만들었다.
⑤ 세종은 농사에 도움이 될 만한 물건을 만들라고 과학자들에게 명령했다.

2 세종에 대한 설명 가운데 이 글과 거리가 <u>먼</u> 것을 찾으세요. | 내용 파악 |

① 책 읽기를 좋아했다.　　② 백성을 사랑했다.
③ 학자들을 아끼고 돌보았다.　　④ 한자 배우는 것을 어려워했다.
⑤ 셋째 아들이지만 임금이 되었다.

3 '훈민정음'의 뜻을 이 글에서 찾아 쓰세요. | 내용 파악 |

4 ㉠은 어떤 이야기인가요? | 내용 파악 |

① 백성들의 책을 빼앗아 간 이야기.

② 학자들이 밤늦도록 연구를 한다는 이야기.

③ 아버지 태종이 죽었다는 이야기.

④ 백성들이 글을 몰라 이름도 제대로 못 쓰고 죄를 짓기도 한다는 이야기.

⑤ 누구나 쉽게 글자를 익힐 수 있다는 이야기.

5 세종이 만든 ㉡은 무엇인가요? | 내용 파악 |

6 '훈민정음'에 대한 설명으로 바른 것을 찾으세요. | 내용 파악 |

① 한자를 모르는 백성들을 위해 만들었다.

② 태종이 세종에게 만들라고 명령했다.

③ 이천과 장영실이 만들었다.

④ 한자를 고쳐서 만들었다.

⑤ 세종 혼자 만들었다.

7 '훈민정음'을 만들기 전 조선의 상황을 잘못 나타낸 것을 찾으세요. | 내용 파악 |

① 백성들이 배우기에는 한자가 너무 어려웠다.

② 우리글이 없었다.

③ 마을에 글을 써 붙여 놓아도 백성들이 글을 몰라 내용을 알기 어려웠다.

④ 자신의 이름조차 쓰지 못하는 사람이 많았다.

⑤ 한자를 모르면 벌을 받았다.

8 [나]와 다음 글을 통해 알 수 있는 세종의 마음을 찾으세요. | 추론 |

> 세종은 노비도 백성이라고 하여, 모두 귀하게 여겼다. 그래서 노비가 아이를 낳으면 휴가를 주도록 명령을 내렸다. 애를 낳은 뒤 100일을 쉬게 하였고, 그 남편도 한 달 동안 아이를 돌볼 수 있게 해 주었다.
>
> * 노비: 옛날에, 남의 재산이 되어, 그 사람의 집에 살며 명령에 따라 일하던 사람.

① 양반을 싫어한다.

② 백성을 사랑한다.

③ 어른보다 아이를 더 귀하게 생각한다.

④ 훈민정음을 중요하게 생각한다.

⑤ 남자보다 여자를 중요하게 생각한다.

9 세종 때 만든 발명품입니다. 이름에 맞는 그림을 찾아 바르게 짝지으세요. | 배경지식 |

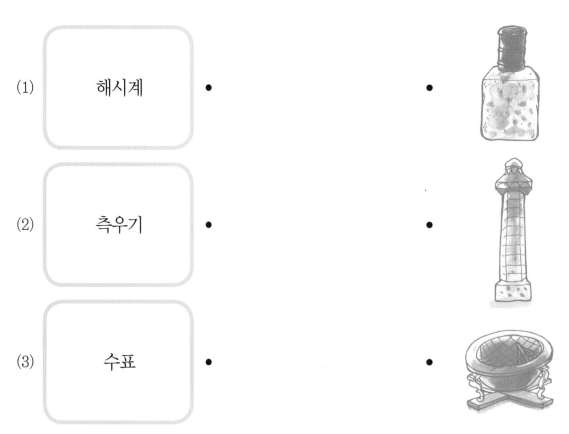

(1) 해시계 •

(2) 측우기 •

(3) 수표 •

이순신은 어렸을 때부터 전쟁놀이를 좋아했습니다. 이미 이때부터 다스리는 능력이 뛰어났고, 책도 많이 읽어 아는 것이 많았습니다. 그래서 주로 친구들을 지휘하는 장군 역할을 맡았습니다.

이순신은 서른두 살이 되던 해에, 무과에 합격하여 벼슬에 올랐습니다. 첫 임무로, 우리나라의 북쪽 끝, ㉠ 함경도의 한 지역을 지킬 때였습니다. 그곳은 중국의 침입과 추위로 무척 지내기 어려운 상황이었습니다. 그래도 꿋꿋이 최선을 다하였기 때문에 백성들은 이순신을 칭찬했습니다. 하지만 남이 잘되는 것을 못마땅하게 여긴 몇몇 사람들 때문에 이순신은 누명을 쓰고 감옥에 가게 되었습니다. 감옥에서 나와서도 한동안 벼슬 없이 집에서 지내야 했습니다.

얼마 뒤에는 ㉡ 전라도의 한 마을을 맡아 다스리게 되었습니다. 이순신이 오고 나서 그 마을이 훨씬 살기 좋아졌다는 소식을 듣고, 임금은 이순신에게 더 큰 도시를 맡아 다스리게 하였습니다. 그리고 다시 얼마 뒤 전라도의 바다를 지키는 큰 벼슬까지 받았습니다.

이순신은 수군을 살펴보았습니다. 군인들은 훈련이 되어 있지 않았고, 무기는 녹이 슬어 있었습니다. 배도 찢기고 부서진 채 내팽개쳐져 있었습니다. 하지만 이순신은 실망하지 않았습니다. 군인들은 훈련하였고, 무기는 녹을 없애거나 새로 만들었으며, 배는 튼튼하게 수리하였습니다.

또 새로운 배를 만들기도 하였습니다. ㉮ 이 배의 앞쪽에는 용 머리를 만들어 붙여 그 입에서 연기가 나오게 했습니다. 배 위에는 철판을 붙여 거북이 등처럼 튼튼하게 만든 뒤, 송곳과 칼을 꽂았습니다.

* 송곳: 작은 구멍을 뚫는 데 쓰는 도구. 쇠로 만들며 끝이 뾰족하다.

그때 마침 일본이 조선을 공격해 왔습니다. ⓒ 경상도 앞바다로 침략한 일본군은 육지로 올라와 조선의 군대를 물리치며 땅을 빠르게 빼앗아 갔습니다. 하지만 이순신이 이끄는 수군은 달랐습니다. 전투마다 이기며 일본 배들을 바다에 가라앉혔습니다. 마침내 이순신은 조선의 남쪽 바다를 모두 책임지는 자리에 올랐습니다.

이순신이 백성들에게 사랑을 받고, 싸우는 전투마다 이겨 유명해지자, 이를 시기하는 사람들이 생겨났습니다. 그래서 이순신은 모함을 받아 다시 누명을 쓰고 감옥에 갇혔습니다.

하지만 얼마 뒤 이순신은 감옥에서 풀려나 위기에 처한 남해로 떠났습니다. 이순신이 없는 동안 조선의 수군은 크게 져서 겨우 배 12척만 남아 있었습니다. 임금은 그 사실을 전달받고는, 수군을 없애 육군에 합치라고 했습니다. 하지만 이순신은 임금에게 편지를 보냈습니다.

"아직 배 12척이 남아 있으니 죽을힘을 다해 싸우겠습니다."

이순신은 남은 배와 병사를 모아 정돈하였습니다. 그리고는 일본의 배에 맞서 싸웠습니다. 그 결과 배 12척으로 적군의 배 130척을 물리쳤습니다. 일본군과 마지막으로 치른 전투에서는 적군의 배 500여 척 대부분을 불태우고 가라앉혔습니다. 하지만 이순신 자신은 일본군의 총을 맞고 쓰러졌습니다.

"싸움이 끝나기 전까지 나의 죽음을 알리지 말라."

이순신은 자신의 죽음이 알려지면 병사들이 힘을 잃을까 봐 걱정하였습니다.

전쟁 도중에 이순신의 어머니, 아들, 그리고 자신까지 죽고 말았습니다. 이순신은 이 모두를 잃으면서도 나라와 백성을 지키려 애썼습니다. 나라에서는 이런 공을 높이 여겨 이순신이 죽은 뒤에 큰 벼슬을 내렸습니다.

* 시기하는: 남이 잘되는 것을 샘내며 미워하는.

1 다음 중 이순신에 대한 설명으로 바른 것을 찾으세요. |내용 파악|

① 이순신은 고려 시대의 장군이다.

② 이순신은 서른두 살에 처음 벼슬에 올랐다.

③ 이순신에게는 배가 많아 일본군을 쉽게 이겼다.

④ 이순신은 화살을 맞고 숨을 거두었다.

⑤ 이순신은 전쟁 후에 왕이 되었다.

2 다음 설명에 알맞은 낱말을 앞글에서 찾아 쓰세요. |어휘|

① 조선 시대에 높은 자리의 군인을 뽑기 위한 시험. | ㅁ | ㄱ |

② 나랏일을 맡아 하는 자리나 직책. | ㅂ | ㅅ |

③ 사실이 아닌 일로 이름이 더러워지는 억울한 일. | ㄴ | ㅁ |

④ 조선 시대에, 바다를 지키던 군대나 군인. | ㅅ | ㄱ |

⑤ 사용하지 않고 내버려 둔 쇠붙이 겉에 생기는 물질.
  예 ○이 슬다. | ㄴ |

⑥ 어지럽게 흩어진 것을 가지런히 정리함. | ㅈ | ㄷ |

⑦ 나쁜 꾀로 남을 어려운 처지에 빠지게 하는 것. | ㅁ | ㅎ |

3 이 글을 읽고 느낀 점을 이야기했습니다. 이 글과 가장 거리가 먼 이야기를 한 사람은 누구인가요? | 감상 |

① 영지: 나는 이순신 장군처럼 나라를 사랑하는 마음을 키울 거야.

② 성근: 이순신 장군처럼 훌륭한 사람을 모함한 사람들이 너무 못된 것 같아.

③ 윤호: 모함을 받고도 이순신 장군은 일을 잘했어. 모함을 받으면 더 잘하나 봐.

④ 정연: 배 열두 척으로 수백 척의 일본군과 싸웠어. 그 용기를 배우고 싶어.

⑤ 재현: 나라를 지켜내고 나서 행복하게 살았으면 좋았을 텐데, 안타까워.

4 ㉮가 가리키는 배 이름을 쓰세요. | 배경지식 |

_____

5 다음에서 설명하는 일기의 이름은 무엇인가요? | 배경지식 |

> 이순신 장군이 일본과 전쟁을 치르면서 7년 동안 겪은 일을 쓴 일기다. 전쟁의 모습과 개인의 감정이 잘 기록되어 있어 높게 평가받는다. 이 일기는 장군이 죽기 한 달 전의 이야기로 끝난다.

① 그림일기   ② 관찰일기

③ 난중일기   ④ 견학일기

⑤ 기행일기

6 다음 지도를 보고 빈칸에 ㉠, ㉡, ㉢의 지역 이름을 찾아 쓰세요. | 배경지식 |

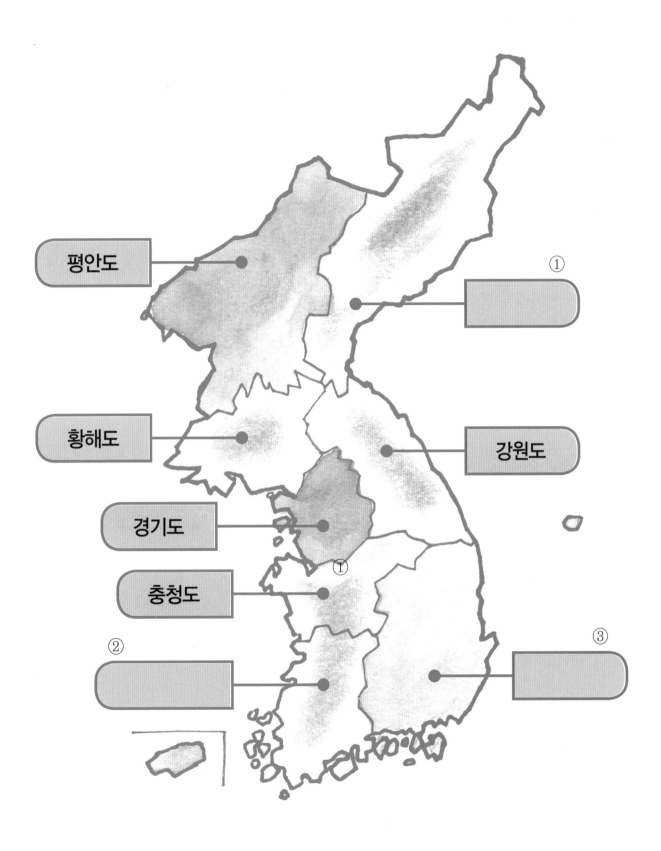

평안도

황해도

경기도

충청도

강원도

①

②

③

㉠

노오란 옷 입은 아기 병아리
꽃밭에서 놀다가 개나리를 만났다.

병아리는 노란 옷
개나리도 노란 옷

병아리는 반가워서
삐악삐악 인사하는데
개나리는 암말 않고
씨익 웃기만 한다.

병아리는 이상해서
고개를 갸우뚱거린다.

1 이 시의 제목을 지어 보세요. | 제목 |

			와			

2 어디에서 일어난 이야기인가요? | 내용 파악 |

3 말하는 이가 본 장면을 찾으세요. |내용 파악|

① 개나리를 물고 있는 병아리의 모습.

② 꽃밭에서 닭과 노는 병아리의 모습.

③ 따뜻한 햇볕을 쬐고 있는 병아리의 모습.

④ 개나리 앞에서 소리 내어 우는 병아리의 모습.

⑤ 개나리와 사이좋게 노는 병아리 모습.

4 이 시에 어울리는 계절은 언제인가요? |추론|

① 봄   ② 여름

③ 가을   ④ 겨울

5 다음 중 소리를 흉내 내는 말은 무엇인가요? |어휘|

① 노오란   ② 씨익

③ 삐악삐악   ④ 암말

⑤ 갸우뚱

6 이 시와 어울리는 느낌을 고르세요. |감상|

① 귀엽다   ② 무섭다

③ 슬프다   ④ 화난다

⑤ 두렵다

어젯밤,
㉠ 노오란 모자를 쓴 것 같더니

오늘 아침,
㉡ 빠알간 모자로 갈아 쓰셨네

빨간 모자를 좋아하나 했더니
어느새 ㉢ 뭉게뭉게 털모자로 바꾸셨구나

하루에도 모자를 썼다 벗었다
산 할아버지는 멋 내기를 좋아하나 봐.

1 빈칸에 알맞은 낱말을 넣어 이 시의 제목을 지어 보세요. |제목|

산 할아버지의 ☐☐

2 이 시에서 말하는 이는 무엇을 하고 있나요? |추론|

① 쓸 모자를 고르고 있다.　② 모자를 사고 있다.
③ 산을 바라보고 있다.　④ 산을 오르고 있다.
⑤ 할아버지를 보고 있다.

3 밑줄 친 ㉠, ㉡, ㉢이 나타내는 것은 무엇일까요? 알맞은 것끼리 짝지으세요. |표현|

㉠ 노오란 모자 •

㉡ 빠알간 모자 •

㉢ 뭉게뭉게 털모자 •

4 이 시가 재미있는 까닭을 가장 바르게 말한 사람은 누구인가요? |감상|

① 영실: 시간의 변화가 재미있다.

② 준수: 산의 색깔이 바뀐다고 해서 재미있다.

③ 미호: 흉내 내는 말이 많이 나와서 재미있다.

④ 호영: 산이 모자를 쓴다는 표현이 재미있다.

⑤ 재인: 할아버지가 모자로 멋을 내는 모습이 재미있다.

엄마 잃은 아기 구름
동동 발을 구른다.

뚝뚝 흘린 ㉠ 눈물이
한 방울, 두 방울
저 아랫마을로 흘러내린다.

그 모습이 불쌍한지
지나가던 바람 아저씨
둥실둥실 아기 구름을 태워다 준다.

어디 갔었어요?
엄마 찾은 아기 구름
엄마 구름 품 안으로 쏘옥

지켜보던 해님 아줌마도 방긋 웃는다.

1 이 시의 중심 소재는 무엇인가요? | 핵심어 |

① 엄마 구름   ② 아기 구름

③ 눈물   ④ 바람 아저씨

⑤ 해님 아줌마

2 밑줄 친 ㉠ '눈물'은 무엇인가요? | 표현 |

① 이슬　　　　② 빗방울　　　　③ 함박눈

④ 번개　　　　⑤ 무지개

3 이 시에 나오는 장면은 무엇인가요? | 내용 파악 |

① 겁을 먹고 발을 동동 구르는 아기.

② 혼자 떠다니는 커다란 먹구름.

③ 구름 사이로 떠 있는 무지개.

④ 산에 걸려 있는 구름.

⑤ 구름을 밝게 비추는 해.

4 이 시의 내용을 정리했습니다. 빈칸에 알맞은 낱말을 쓰세요. | 내용 파악 |

(1) 하늘에 떠 있는 작은 구름이 [　　] 를 잃은 아이 같다.

(2) 작은 구름에서 비가 한 방울, 두 방울 떨어진다.

(3) 갑자기 불어온 [　　] 에 작은 구름이 흘러간다.

(4) 작은 구름이 큰 구름을 만나 하나가 되었다.

(5) 해가 밝게 비춘다.

뚝딱뚝딱, 쾅쾅
아침부터 무슨 소리일까?
꾸벅 졸던 참새들이 수군거려요

부릉부릉, 빵빵
아이참, 도대체 어디서 나는 소리야?
궁금해서 하나둘 모여들지요

뚝딱뚝딱 망치 소리
부릉부릉 트럭 소리
이마엔 ㉠ [   ] 땀방울 가득
시끄럽다 소리치면 큰일이 나요
아저씨들 다치면 큰일이 나요

1 이 시와 어울리는 장소를 고르세요. |추론|

① 동물원   ② 식당

③ 숲   ④ 공사장

⑤ 운동장

2 이 시에서 말하는 이는 무엇을 하고 있나요? | 추론 |

① 시끄러운 참새들을 쫓아내고 있다.

② 점심밥을 기다리고 있다.

③ 공사장의 모습을 바라보고 있다.

④ 망치질을 하고 있다.

⑤ 이마에 땀을 흘리며 열심히 일하고 있다.

3 ㉠에 흉내 내는 말을 넣으려고 합니다. 가장 어울리는 낱말을 고르세요. | 표현 |

① 송골송골   ② 바짝바짝   ③ 반질반질

④ 주렁주렁   ⑤ 보글보글

4 이 시에 담기지 <u>않은</u> 장면을 찾으세요. | 내용 파악 |

① 짹짹 소리를 내며 모여 있는 참새들.

② 망치질을 하고 있는 일꾼들.

③ 트럭으로 짐을 나르는 일꾼들.

④ 이마에 땀을 흘리며 일하는 일꾼들.

⑤ 일꾼에게 시끄럽다고 소리치는 사람들.

5 이 시와 어울리는 느낌을 고르세요. | 감상 |

① 활기차다   ② 조용하다   ③ 우습다

④ 평화롭다   ⑤ 슬프다

고것 참, 새빨갛게 잘 익었구나
만지면 뜨거울까?

조심조심 들어서
손바닥에 올려 보니
고것 참, 우리 ⊙ 아기 손 같구나

산으로 들로 어서어서 놀러 오라고
수줍게 얼굴 붉히며
ⓒ 어여쁘게 화장한 작은 단풍잎

1 ⊙ '아기 손' 같은 것은 무엇인가요? | 표현 |

2 이 시에서 말하는 이는 무엇을 하고 있나요? | 추론 |

① 단풍잎을 보고 있다.　　② 아기를 돌보고 있다.

③ 화장을 하고 있다.　　④ 산에 놀러 가고 있다.

⑤ 잘 익은 음식을 먹고 있다.

3 밑줄 친 ⓒ '어여쁘게 화장한'의 뜻은 무엇인가요? | 추론 |

① 나뭇잎에 색을 칠했다.

② 단풍잎을 사용해서 화장을 했다.

③ 단풍잎의 색이 빨갛게 바뀌었다.

④ 단풍잎 색깔처럼 붉게 화장을 했다.

⑤ 단풍잎이 불타 버렸다.

4 이 시가 재미있는 이유로 바르지 <u>않은</u> 것을 고르세요. | 감상 |

① 빨간 단풍잎을 보고 잘 익었다고 표현한 것이 재미있다.

② 단풍잎을 아기 손에 비유한 것이 재미있다.

③ 빨간 단풍잎을 보고 화장을 했다고 생각한 것이 재미있다.

④ 단풍잎을 손바닥에 올려놓았다는 표현이 재미있다.

⑤ 빨간 단풍잎을 보고 수줍게 얼굴 붉혔다고 표현한 것이 재미있다.

5 다음은 이 글을 간추린 것입니다. 빈칸에 알맞은 말을 넣으세요. | 내용 파악 |

가을이 되어 단풍잎이 빨갛게 물들었다. 단풍잎이 불처럼 빨개서 만지면 뜨거울 것 같다. 가만히 들어서 ☐☐☐ 에 올렸는데 작고 귀여워서 아기 ☐ 처럼 느껴진다. ☐☐☐ 이 우리에게 산과 들로 놀러 오라고 예쁘게 ☐☐ 을 한 것 같다.

　　소 세 마리가 살고 있었습니다. 얼룩소, 누렁소, 검정소였습니다. 이 소들은 무척 친해서 무엇을 하든지 함께했습니다. 밥을 먹을 때, 잠을 잘 때까지도 꼭 붙어 있었습니다.

　　어느 날 사자가 소들을 잡아먹고 싶어서 어슬렁거리고 있었습니다. 하지만 힘이 센 소 세 마리가 같이 있으니 함부로 덤빌 수가 없었습니다. 사자는 소들을 어떻게 잡아먹을까 궁리를 했습니다. 한참 생각하던 사자는 좋은 방법을 생각해 냈습니다.

　　사자는 소들이 풀을 뜯어먹으러 나올 때를 기다렸습니다. 먼저 저만치서 풀을 뜯어 먹고 있는 검정소에게 갔습니다.

　　"다른 소들이 너한테 욕심쟁이라고 하던데."

　　"뭐라고? 그건 거짓말이야. 내 친구들은 그런 말 안 해."

　　사자는 이번에는 얼룩소에게 가서 말했습니다.

　　"너 없을 때, 네 친구들이 너를 바보라고 놀리더라."

　　"아니야, 절대 그럴 리 없어."

　　마지막으로 사자는 누렁소에게 가서 거짓말을 했습니다.

　　"네 친구들이 너를 심술쟁이라고 하는 걸 들었어."

　　"말도 안 돼. 거짓말하지 마."

　　사자는 틈만 나면 조금 떨어져 있는 소에게 가서 ㉠이간질을 했습니다. 소들은 친구들을 조금씩 의심하기 시작했습니다. 그러더니 점점 사이가 멀어졌습니다. 먹을 때, 잘 때, 놀 때에도 따로따로 움직였습니다.

　　그 모습을 본 사자는 웃음을 지었습니다. 그러고는 뿔뿔이 흩어진 소들을 한 마리씩 잡아먹었습니다.

(이솝 우화)

1 이 글의 제목으로 가장 알맞은 것을 찾으세요. |제목|

① 욕심쟁이 검정소   ② 소의 게으름   ③ 소의 거짓말

④ 사자의 용기   ⑤ 어리석은 소 세 마리

2 이 글의 내용과 같은 것을 찾으세요. |내용 파악|

① 다른 소들이 검정소를 욕심쟁이라고 욕했다.

② 사자가 나타나기 전에는 소들이 사이가 좋았다.

③ 얼룩소는 누렁소에게 심술쟁이라고 했다.

④ 사자는 누렁소를 제일 먼저 잡아먹었다.

⑤ 사자는 소들의 우정을 부러워했다.

3 사자의 말을 생각하며 ㉠의 알맞은 뜻을 찾으세요. |어휘|

① 친구를 소개하는 일.   ② 자신을 소개하는 일.

③ 새 친구를 사귀는 일.   ④ 빼앗아 먹는 일.

⑤ 친구 사이를 멀어지게 하는 일.

4 이 글을 가장 잘 읽은 사람은 누구인가요? |감상|

① 화윤: 육식 동물이 초식 동물을 잡아먹는 건 나쁜 짓이야.

② 은미: 남의 말을 듣고 쉽게 친구를 의심하면 안 돼.

③ 윤선: 친구는 많을수록 좋아.

④ 선규: 친구가 싫어지면 새 친구를 만들어야지.

⑤ 민준: 친한 친구는 먹을 때에도, 잘 때에도, 놀 때에도 항상 붙어 있어야 해.

여우가 길을 급히 달려가다가 발을 잘못 디뎌 그만 우물에 빠졌습니다. 우물이 깊지는 않았지만 혼자서 빠져나올 수는 없었습니다. 그때 마침 염소 한 마리가 옆을 지나다가 우물을 들여다보았습니다. 염소는 몹시 목이 말랐습니다. 그래서 우물 속에 빠진 여우에게 물었습니다.

"여우야, 물맛이 어때?"

"기가 막히게 좋아. 너도 어서 내려와 마셔 봐."

여우는 마침 잘됐다고 생각하여 거짓말을 했습니다. 염소는 ㉠ 여우의 말을 곧이듣고 우물 속으로 뛰어내렸습니다. 물을 실컷 마신 염소는 여우와 마찬가지로 혼자서는 올라갈 수가 없었습니다.

"이걸 어쩌지, 올라갈 수가 없잖아."

"염소야, 걱정할 것 없어. 네 앞발을 우물 벽에 대고 뿔을 위로 세워 봐. 그럼 내가 먼저 네 등을 밟고 올라가서 내 꼬리를 내려줄게. 너는 그것을 물고 올라오면 돼."

염소는 여우가 시키는 대로 했습니다. 여우는 염소의 등과 뿔을 밟고 우물 밖으로 쉽게 빠져나갔습니다.

"여우야, 나도 빨리 올려줘."

"바보 같은 소리 하지 마. 너는 무거워서 내가 끌어 올릴 수 없어."

염소는 기가 막혀서 큰 소리로 말했습니다.

"그런 법이 어디 있어? 약속은 지켜야 할 거 아냐?"

그러나 여우는 고개를 돌린 채 걸어가며 말했습니다.

"㉡ 염소야, 네 턱에 난 수염만큼이라도 꾀가 있었다면, 다시 나올 방법을 살펴본 다음에 우물에 뛰어들었을 거야!"

(이솝 우화)

1 이 글에 등장하는 인물을 모두 쓰세요. |인물|

_____ , _____

2 밑줄 친 ㉠은 어떤 뜻으로 쓰였나요? |표현|

① 여우가 하는 말을 따라 하며.

② 여우가 하는 말을 의심하며.

③ 여우가 하는 말을 꼼꼼하게 따져 보고.

④ 여우가 하는 말을 그대로 믿고.

⑤ 여우의 말이 거짓말인 줄 알면서도.

3 이 글의 주제로 가장 알맞은 것을 고르세요. |주제|

① 우물에 뛰어들면 안 된다.　　② 급할수록 천천히 하자.

③ 무엇이든 빨리 하는 게 좋다.　　④ 우물 주변에서는 조심하자.

⑤ 뒤에 일어날 일을 생각하고 행동하자.

4 다음 문장을 읽고 맞는 것에 O, 틀린 것에 X 하세요. |내용 파악|

① 여우는 염소를 골탕 먹이려고 일부러 우물에 뛰어들었다. 　　(　　)

② 우물이 깊지 않아 여우는 혼자서 빠져나왔다. 　　(　　)

③ 염소는 여우에게 속아 우물에 뛰어들었다. 　　(　　)

④ 여우는 염소를 밟고 우물에서 빠져나왔다. 　　(　　)

⑤ 여우는 우물 밖에서 염소를 끌어 올려 주었다. 　　(　　)

5 다음 중 염소나 여우와 관련이 있는 내용을 찾아 그 번호를 쓰세요. **| 내용 파악 |**

> ① 스스로 우물에 들어갔다.
> ② 남에게 거짓말을 했다.
> ③ 우물에서 빠져나왔다.
> ④ 목이 말라 우물물을 실컷 마셨다.
> ⑤ 뿔이 있다.

염소	여우

6 글의 내용을 정리한 것입니다. 순서에 맞게 번호를 쓰세요. **| 줄거리 |**

> ① 여우가 발을 잘못 디뎌 우물에 빠졌다.
> ② 여우는 염소를 우물에 혼자 남겨 둔 채 걸어갔다.
> ③ 염소가 여우에게 꺼내 달라고 했지만 여우는 거절했다.
> ④ 여우는 염소의 등을 밟고 먼저 우물 밖으로 나왔다.
> ⑤ 염소는 여우의 거짓말에 속아 우물에 뛰어들었다.

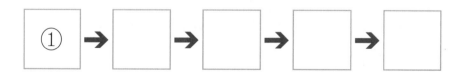

① → ☐ → ☐ → ☐ → ☐

7 이 글을 읽고 친구들이 이야기를 나누었습니다. 이 글의 내용과 가장 거리가 먼 이야기를 한 사람은 누구인가요? |감상|

① 민호: 염소는 여우의 거짓말에 속아 우물에 빠졌어. 남을 너무 의심하는 것도 나쁘지만, 염소처럼 무턱대고 믿어서도 안 돼.

② 수영: 여우는 우물에서 빠져나오려고 거짓말로 염소를 이용했어. 자기만 살자고 남을 위험에 빠뜨리는 것은 옳지 않아.

③ 태식: 여우가 길을 갈 때 발을 잘못 디뎌 우물에 빠졌어. 우리는 길을 다닐 때에는 늘 조심해야 해.

④ 지영: 남의 말을 믿고 우물로 내려간 착한 염소가 불쌍해. 남을 속이는 사람이 없으면 좋겠어.

⑤ 학수: 여우는 염소를 우물에서 꺼내 주고 싶었지만 힘이 없어 못 구해 주었어. 우리는 운동을 해서 힘을 길러야 해.

8 여우는 ⓛ을 어떤 말투로 이야기했을까요? |추론|

① 친절한 말투.　　　　　② 고마워하는 말투.

③ 무서운 말투.　　　　　④ 비웃는 말투.

⑤ 걱정스러워하는 말투.

'이솝'은 그리스의 작가입니다.

'우화'란 동물이나 식물이 주인공으로 등장하는 이야기입니다.

'이솝 우화'는 '이솝'이 쓴 '우화'를 말합니다.

　어느 산골짜기에 쥐 부부가 살았습니다. 이 부부에게는 예쁜 딸이 있었습니다. 어느덧 딸이 자라서 시집갈 나이가 되었습니다. 쥐 부부는 세상에서 가장 힘이 세고 훌륭한 사위를 맞이하고 싶었습니다.

　고민하던 쥐 부부는 제일 먼저 해님을 떠올렸습니다. 높은 곳에 떠서 세상을 환하고 따뜻하게 하니 해가 제일 훌륭하다고 생각했습니다.

　"해님, 저희 딸과 결혼해 주세요. 세상에서 가장 힘이 세고 훌륭한 분을 사위로 맞고 싶습니다."

　"저는 세상에서 가장 힘이 세지 않습니다. 구름이 가리면 저는 빛을 비출 수 없어요."

　부부는 구름을 찾아 나섰습니다. 구름을 만나 사위가 되어 달라고 부탁했습니다.

　"바람이 불면 저는 날아가 버려요. 바람이 저보다 더 세요."

　쥐 부부는 바람에게 찾아갔습니다. 그리고 바람을 만나 사위가 되어 달라고 말했습니다.

　"제가 구름은 날려 보낼 수 있을지 몰라도 땅 위의 돌부처는 그럴 수 없어요. 돌부처가 가장 셉니다."

　쥐 부부는 지친 몸을 이끌고 돌부처를 찾아 나섰습니다. 며칠을 헤매다가 겨우 돌부처를 만났습니다.

　"돌부처님, 제 딸과 결혼하지 않겠습니까? 세상에서 가장 힘세고 훌륭한 분을 찾고 있습니다."

　"세상에서 가장 세고 훌륭한 건 제가 아닙니다. 아저씨 같은 쥐가 제일 세요. 쥐가 땅에 구멍을 뚫어 놓으면 저는 쓰러지고 말지요."

돌부처의 말을 듣고 아빠 쥐는 ㉠ <u>무릎을 탁 쳤습니다.</u>

(전래 동화)

* 돌부처: 돌을 깎아 부처의 모습으로 만든 것.

1 다음 뜻에 알맞은 낱말을 이 글에서 찾아 쓰세요. ㅣ어휘ㅣ

딸의 남편.		

2 이 글의 내용으로 바른 것을 찾으세요. ㅣ내용 파악ㅣ

① 쥐 부부에게는 딸과 아들이 있었다.
② 딸 쥐는 해와 결혼하였다.
③ 구름보다 해가 더 세다.
④ 바람은 세상 모든 것을 날려 보낼 수 있다.
⑤ 돌부처는 쥐가 가장 세다고 말했다.

3 쥐 부부가 만난 것을 순서대로 적으세요. ㅣ내용 파악ㅣ

_____ → _____ → _____

_____ → _____

4 ⊙의 뜻으로 올바른 것을 찾으세요. |표현|

① 갑자기 무릎에 앉은 벌레를 쫓았다.

② 갑자기 매우 나쁜 일이 벌어졌다.

③ 갑자기 놀라운 사실을 깨달았다.

④ 갑자기 매우 재미있는 일이 일어났다.

⑤ 갑자기 슬퍼졌다.

5 결국 쥐 부부의 딸은 누구와 결혼했을까요? |추론|

_____

6 이 글을 가장 잘 읽은 사람은 누구인가요? |감상|

① 미나: 힘이 센 사람과 결혼해야 행복할 수 있어.

② 정연: 해하고 쥐를 결혼시키려고 하다니, 말도 안 돼.

③ 수연: 구름과 쥐가 결혼해서 새끼를 낳으면 무엇이 나올까?

④ 흥수: 행복은 먼 곳에 있는 것이 아니라 가까운 곳에 있어.

⑤ 진현: 쥐 부부가 찾은 사윗감을 딸이 싫어하면 어쩌지?

7 빈칸에 공통으로 들어가는 낱말을 넣어 속담을 완성하세요. |배경지식|

☐	① 고양이 앞에 ☐ .
	② ☐ 구멍에도 볕 들 날 있다.
	③ 낮말은 새가 듣고 밤말은 ☐ 가 듣는다.

　멋진 뿔을 가진 사슴이 숲에 살고 있었습니다. 어느 날 사슴은 목이 말라 연못가에 물을 마시러 갔습니다. 물을 마시던 사슴은 연못에 비친 자신의 모습을 보았습니다. 크고 훌륭한 뿔이 마치 임금님의 왕관처럼 자랑스럽게 보였습니다.

　사슴은 물에 비친 자신의 모습을 이리저리 살펴보았습니다. 그러다가 가늘고 긴 다리를 보았습니다.

　"뿔은 이렇게 멋진데 ㉠ 다리가 너무 가늘고 초라하단 말이야. 보기 싫고 부끄러워. 훌륭한 뿔에 이런 다리는 어울리지 않아."

　사슴이 연못가를 떠나려고 할 때 갑자기 사자가 나타나서 사슴에게 달려왔습니다.

　위험을 느낀 사슴은 재빨리 뛰었습니다. 사자는 있는 힘껏 뒤쫓았습니다. 하지만 사슴이 가늘고 긴 다리로 어찌나 잘 달리는지 도저히 쫓아갈 수 없었습니다.

　그런데 숲속에 들어서자 사슴은 위험에 빠졌습니다. 그토록 자랑스럽게 생각했던 뿔이 나뭇가지에 걸린 것입니다. 사슴은 빠져나오려고 애를 썼지만 어찌나 단단히 걸렸는지 뿔이 빠지지 않았습니다.

　그때 사슴의 뒤를 쫓던 사자가 씩씩대며 다가와서 사슴의 목을 덥석 물었습니다. 사슴은 죽어가면서 ㉡ 안타까운 목소리로 중얼거렸습니다.

　"아! 쓸모없고 창피하다고 생각했던 다리가 나를 살려 주었지만, 멋지다고 생각했던 뿔이 결국 나를 죽게 만드는구나!"

(이솝 우화)

1 이 글의 주인공은 누구인가요? |인물|

2 이 글의 제목으로 가장 알맞은 것을 고르세요. |제목|

① 연못가의 사슴

② 사슴의 뿔과 다리

③ 사슴의 아름다움

④ 사슴의 달리기

⑤ 사슴을 잡아먹은 사자

3 ㉠에서, 밑줄 친 낱말의 반대말을 써서 새 문장을 만드세요. |어휘|

> 다리가 너무 <u>가늘고</u> <u>초라하단</u> 말이야.

다리가 너무 [　][고][화][　][단] 말이야.

4 이 글에 나오지 <u>않는</u> 장면을 고르세요. |내용 파악|

① 사슴이 자신의 다리를 부끄러워하는 장면.

② 사슴이 자신의 뿔을 자랑스러워 하는 장면.

③ 사슴이 사자를 보고 놀라 달아나는 장면.

④ 사자가 사슴의 뿔을 부러워하는 장면.

⑤ 사슴의 뿔이 나뭇가지에 걸리는 장면.

5 밑줄 친 ⓒ에는 어떤 마음이 담겼을까요? | 추론 |

① 후회하는 마음   ② 무서운 마음

③ 화난 마음   ④ 창피한 마음

⑤ 긴장된 마음

6 이 글의 내용을 정리했습니다. 순서에 맞게 번호를 쓰세요. | 줄거리 |

① 사슴은 자신의 다리가 가늘어서 마음에 들지 않았다.

② 갑자기 사자가 나타나서 사슴은 빠르게 도망쳤다.

③ 물을 먹으러 온 사슴이 연못에 비친 자신의 모습을 보았다.

④ 사슴은 도망치다 숲속의 나뭇가지에 뿔이 걸려서 죽게 되었다.

⑤ 사슴은 자신의 크고 훌륭한 뿔을 자랑스럽게 여겼다.

7 이 글을 읽고 얻을 수 있는 교훈을 가장 바르게 말한 사람은 누구인가요? | 주제 |

① 성진: 다른 사람에게 자신을 너무 뽐내면 안 돼.

② 소은: 수상한 사람을 만나면 얼른 도망가야 해.

③ 준혁: 언제든 위험에 처할 수 있으니 항상 주변을 살피고 조심해야 해.

④ 동희: 자신의 외모를 아름답게 가꾸어야 해.

⑤ 주이: 겉모습으로 모든 것을 함부로 판단해서는 안 돼.

옛날 어느 도시에 큰 부자가 살았습니다. 부자에게는 아들만 한 명 있었는데 어려서부터 돈을 쓰는 일밖에는 몰랐습니다. 부자가 죽어 아들은 많은 재산을 혼자 차지하게 되었습니다.

"이야, 이제야말로 마음 놓고 돈을 써도 되겠구나."

아들은 돈을 더 많이 썼습니다. 날마다 잔치를 열어 친구들과 놀았습니다. 친구들은 더 많은 것을 얻어 내려고 아들에게 친절히 대했습니다.

아들은 돈을 벌지는 않고 매일 쓰기만 했습니다. 돈은 차츰차츰 줄어들었습니다. 그래도 아들은 계속 돈을 쓰며 놀았습니다. 부모님이 남겨 주신 재산이 줄어들 거라고는 전혀 생각하지 못했습니다. 그러다 결국 재산을 다 쓰고 집까지 팔게 되었습니다.

겨울이 되었습니다. 아들에게 남은 것은 입고 있던 옷 한 벌뿐이었습니다. 다행히도 그 옷이 두꺼운 털외투라 그럭저럭 겨울을 버틸 수 있었습니다. 하지만 지낼 곳도, 먹을 것도 없어서 친구들을 찾아다니며 얻어먹고 살았습니다. 아들에게 돈이 많았을 때는 친절했지만, 찾아가서 재워 달라고 부탁하자, 친구들은 점점 아들을 귀찮게 여겼습니다. 아들은 자신을 차갑게 대하는 친구들 때문에 속상했습니다.

그러던 어느 날이었습니다. 차가운 바람도 잦아들고 따뜻한 햇볕이 내리쬐고 있었습니다. 아들은 털외투를 걸치고 거리를 걷고 있었습니다. 그때 제비 한 마리가 지붕 위를 날았습니다.

"제비가 왔구나! 제비가 날아다니는 걸 보니 틀림없이 봄이 온 거야."

아들은 곧장 시장으로 달려가 하나 남은 털외투를 팔았습니다. 그리고 그 돈으로 맛있는 음식을 사 먹었습니다. 다음 날이었습니다.

"아이고 추워라. 분명 봄이 온 줄 알았는데……."

따뜻해질 줄 알았던 날씨가 다시 추워졌습니다. 아들은 잔뜩 웅크리고 걷다가 얼어 죽은 제비를 보았습니다.

"제비야, 네가 이렇게 죽은 것은 어쩔 수 없다만 너는 나까지도 얼어 죽게 만드는구나."

아들은 오들오들 몸을 떨며 제비를 향해 말했습니다.

(이솝 우화)

1 이 글의 주인공은 누구인가요? | 인물 |

부잣집 | | |

2 친구들은 아들의 무엇 때문에 친하게 지냈나요? | 내용 파악 |

① 부모님　　　　　　② 집
③ 돈　　　　　　　　④ 옷
⑤ 제비

3 아들의 성격에 대한 설명으로 옳지 <u>않은</u> 것을 고르세요. | 추론 |

① 돈을 아껴 쓸 줄 모른다.　　② 어리석다.
③ 친구들을 좋아한다.　　　　④ 놀기 좋아한다.
⑤ 거짓말을 잘한다.

4 글의 내용을 요약했습니다. 순서에 맞게 번호를 쓰세요. | 줄거리 |

① 부잣집 아들은 부모가 남긴 돈을 노는 데에 다 썼다.

② 제비를 본 아들은 봄이 왔다고 생각해서 외투를 팔아 음식을 사 먹었다.

③ 옛날 어느 도시에 돈 쓰는 일만 아는 부잣집 아들이 있었다.

④ 날씨가 다시 추워지자, 아들은 덜덜 떨면서 후회했다.

⑤ 아들에게는 털외투 한 벌밖에 남지 않아 친구들을 찾아다니며 생활했다.

③ → □ → □ → □ → □

5 이 글의 내용과 어울리지 <u>않는</u> 느낌을 말을 한 사람은 누구인가요? | 감상 |

① 현진: 아들은 노는 데 돈을 쓰느라 집까지 팔았어. 돈을 아껴 쓰는 습관을 길러야 해.

② 승민: 아들은 제비가 왔다는 이유로 털외투를 팔았어. 어떤 일을 할 때는 충분히 살펴서 해야 해. 그렇지 않으면 나중에 후회할 수 있어.

③ 주영: 돈을 쓸 줄만 아는 아들이 혼자 남을 걸 생각하셨다면, 부모님은 돌아가실 때까지 걱정하셨을 것 같아.

④ 민준: 아들의 친구들은 돈이 있을 때는 친하게 지내다가 나중에는 귀찮아했어. 그러니까 친구들에게 잘해 줄 필요가 없어.

⑤ 설희: 아들은 부모님이 물려주신 재산을 쓰기만 했어. 자신이 쓸 돈은 스스로 벌어야 한다고 생각해.

어느 시골에 가난한 농부가 살고 있었습니다. 농부는 가난했을 뿐만 아니라 병에 걸려서 몹시 괴로웠습니다.

'가족을 먹여 살려야 하니 쉴 수도 없고, 돈이 없어 치료도 못 받으니 어떻게 하면 좋을까. 마지막으로 산신령님께 기도나 해 보자.'

농부는 고민 끝에 뒷산으로 올라가 기도를 드렸습니다.

"산신령님, 제 병 좀 낫게 해 주세요. 병만 낫는다면 무슨 일이라도 하겠습니다."

"허허, 가엾구나. 그런데 병만 낫는다면 무슨 일이든 하겠다고?"

산신령이 나타나 묻자, 놀란 농부는 정신을 가다듬고 말했습니다.

"네. 산신령님! 병만 나으면 소 백 마리를 바치겠습니다."

산신령은 고개를 끄덕였습니다.

며칠 후, 농부는 병이 말끔히 나았습니다. 하지만 산신령과의 약속을 생각하면 밤에 잠도 오지 않았습니다.

"옳지, 좋은 꾀가 떠올랐다."

농부는 곧바로 부엌에 가서 밀가루로 작은 소 백 마리를 빚었습니다. 그리고 산으로 가져가 쌓아놓고 기도를 올렸습니다.

"산신령님, 약속대로 소 백 마리를 드립니다."

그것을 본 산신령은 괘씸하여 기가 막혔습니다. 산신령은 농부에게 말했습니다.

"㉠ 오, 약속을 지키니 기특하구나. 내가 은돈 백 냥을 상으로 줄 테니 내일 아침 바닷가로 나가거라."

"은돈 백 냥이요? 감사합니다. 산신령님!"

농부는 너무 기뻐 잠도 못 잤습니다. 다음 날 아침, 농부는 산신령이 이야기해 준 바닷가로 나갔습니다.

"은돈 백 냥이 어디 있을까?"

농부가 바닷가에서 한참 두리번거리고 있을 때, 갑자기 숨어 있던 해적들이 우르르 나타났습니다. 해적들은 농부를 잡아 배에 태운 후 먼 나라에 가서 은돈 백 냥을 받고 노예로 팔았습니다.

"아아, 내 몸값이 은돈 백 냥이었구나!"

그제야 농부는 눈물을 흘리며 후회하였습니다.

(이솝 우화)

* 해적: 배를 타고 다니면서 다른 배나 바닷가 마을에 쳐들어가 재물을 빼앗는 도둑.

1 이 이야기의 주인공은 누구인가요? | 인물 |

① 산신령　　　② 농부　　　③ 해적

④ 소　　　　　⑤ 노예

2 농부가 산신령에게 무엇을 도와 달라고 기도했나요? | 내용 파악 |

① "돈이 없으니 돈을 많이 주세요."

② "가족 모두 건강하게 해 주세요."

③ "가족을 먹여 살리기 힘드니 헤어지게 해 주세요."

④ "제발 제 병 좀 낫게 해 주세요."

⑤ "제대로 쉬어 본 적이 없으니 쉬게 해 주세요."

3 농부는 병이 나으면 산신령에게 무엇을 바친다고 약속했나요? |내용 파악|

① 소 백 마리   ② 밀가루 백 봉지   ③ 노예

④ 재산   ⑤ 은돈 백 냥

4 농부가 노예로 팔려간 까닭은 무엇인가요? |추론|

① 산신령에게 빌린 돈을 갚지 않아서.

② 집이 가난하여 먹을 것이 없어서.

③ 열심히 일해서 돈을 벌려고.

④ 해적들을 화나게 해서.

⑤ 산신령과의 약속을 지키지 않아서.

5 이 글에서 농부가 잘못한 점 두 가지를 고르세요. |추론|

① 산신령에게 병을 낫게 해 달라고 기도했다.

② 능력도 없으면서 산신령과 함부로 약속했다.

③ 은돈을 준다는 말을 듣고 바닷가로 나갔다.

④ 밀가루로 소 백 마리를 빚어 산신령을 속이려 했다.

⑤ 가난한 살림에 병까지 얻었다.

6 ㉠에서 알 수 있는 산신령의 속마음으로 가장 알맞은 것을 고르세요. |추론|

① '참 착한 농부구나. 은돈 백 냥을 상으로 주어야겠구나.'

② '이런 괘씸한 놈! 감히 나를 속이고 약속을 어겨? 혼내 주어야겠군.'

③ '농부가 약속을 지키긴 했으니 은돈 백 냥을 상으로 주어야겠다.'

④ '이 농부는 가난해서 그러니 어쩔 수 없지. 돈을 주어서 잘 살게 해 줘야지.'

⑤ '어떻게 하면 진짜 소 백 마리를 받을 수 있을까? 은돈 백 냥을 주면 되겠지?'

　옛날에 부자 영감과 가난한 선비가 한마을에 살았습니다. 부자 영감과 가난한 선비에게는 딸이 셋씩 있었습니다.

　부자 영감의 딸들은 언제나 서로 아버지를 모시겠다고 다퉜습니다.

　"첫째인 내가 아버지를 모실 거야."

　"아니야! 음식 솜씨 좋은 내가 아버지를 모셔야 해."

　그러자 셋째가 언니들 사이에 끼어들며 말했습니다.

　"언니들, 다투지 마세요. 제가 시집 안 가고 아버지 편히 모시고 살게요."

　부자 영감은 서로 아버지를 모시려는 딸들을 보며 흐뭇했습니다. 부자 영감은 자신의 딸들이 세상에서 가장 효심이 깊다고 생각했습니다.

　하지만 마을 사람들은 언제나 선비네 딸들을 칭찬했습니다. 부자 영감은 그 까닭이 궁금했습니다. 그래서 선비를 찾아가 보기로 했습니다.

　가난한 선비는 무릎이 다 드러난 짧은 바지를 입고 마루에 앉아 있었습니다.

　"날씨가 더워서 그런 바지를 입고 계십니까?"

　부자 영감이 묻자 선비는 웃으며 짧은 바지를 입게 된 사연을 말했습니다.

　"며칠 전 제가 세 딸 앞에서 바지를 한 뼘만 줄여달라고 했습니다. 그런데 이튿날 아침에 보니 바지가 무릎까지 올라와 있어요. 그래서 세 딸에게 그 까닭을 물었지요. 그랬더니 첫째가 ㉠<u>간밤</u>에 한 뼘 줄여 놓았다고 해요. 그걸 모르고 둘째도 새벽에 한 뼘 줄였답니다. 셋째 역시 제 말을 잊지 않고 아침에 한 뼘 줄이는 바람에 이렇게 짧아졌지요. 이 바지야말로 제게 딱 맞는 바지랍니다."

　가난한 선비는 흐뭇하게 웃으며 딸들을 바라보았습니다.

　집으로 돌아온 부자 영감은 바지를 들고 세 딸을 불렀습니다.

"바지가 너무 길어서 입지 못하겠구나. 내일까지 한 뼘만 줄여 놓아라."

이튿날, 바지는 그대로 있었습니다. 부자 영감은 세 딸을 불러서 까닭을 물었습니다.

"저는 솜씨 좋은 둘째가 할 줄 알았지요."

첫째의 말에 당황한 둘째가 셋째를 바라보며 말했습니다.

"무슨 말이에요. 그런 일은 막내가 하는 것이지요."

둘째가 셋째를 쳐다보았습니다. 그러자 셋째가 입을 삐죽이며 말했습니다.

"전 바느질이 서툴잖아요. 그런 일은 언니들이 해 주어야지요."

딸들이 서로 일을 미룬 탓에 바지는 줄지 않았습니다. 사실 세 딸은 재산을 물려받기 위해 서로 아버지를 모시려고 했던 것입니다. 딸들이 서로 네 탓이라고 싸우는 모습을 보며 부자 영감은 길게 한숨을 쉬었습니다.

(전래 동화)

1 빈칸을 채워 이 글의 제목을 지어 보세요. | 제목 |

짧아진 | | |

2 이 글의 내용으로 바른 것을 고르세요. | 내용 파악 |

① 부자 영감에게는 딸이 네 명 있었다.

② 가난한 선비의 딸들은 서로 아버지를 모시겠다고 다퉜다.

③ 마을 사람들은 부자 영감의 딸들을 칭찬하였다.

④ 가난한 선비는 딸들에게 바지를 한 뼘만 줄여 달라고 말했다.

⑤ 부자 영감의 딸들은 아버지의 바지를 짧게 줄여 놓았다.

3 가난한 선비가 짧은 바지를 입고 있는 까닭은 무엇인가요? | 내용 파악 |

① 날씨가 너무 더워서.　　　　② 바지를 살 돈이 없어서.

③ 짧은 바지를 좋아해서.　　　　④ 딸들이 반바지를 지어 놓아서.

⑤ 딸들이 각자 한 뼘씩 줄여 놓아서.

4 부자 영감의 딸들이 서로 아버지를 모시려고 한 까닭을 찾아 쓰세요. | 내용 파악 |

_____ 위해.

5 '효도하는 마음'이라는 뜻을 지닌 낱말을 찾아 쓰세요. | 어휘 |

6 ㉠과 바꾸어 쓸 수 있는 말을 고르세요. | 어휘 |

① 어젯밤　　　　② 오늘 밤　　　　③ 내일 밤

④ 그저께 밤　　　　⑤ 모레 밤

7 이 글을 읽고 느낌이나 생각을 가장 알맞게 말한 사람은 누구인가요? | 감상 |

① 정연: 바느질을 잘해야 효도를 할 수 있어.

② 재준: 부모님이 말씀하시는 것을 행동으로 옮기는 것이 효도야.

③ 소라: 형제가 많아야 효도를 할 수 있어.

④ 현준: 부모님을 모시고 사는 것이 효도야.

⑤ 재민: 자매들의 바느질이 서툴러서 바지가 너무 짧아진 것 같아.

이 이야기는 독일의 전래 동화입니다.

[가]는 이야기의 앞부분을 요약한 것이고, [나]는 그 뒷부분을 그대로 실은 것입니다.

[가]

옛날 독일의 하멜른이라는 도시에 쥐 떼가 몰려들었습니다. 사람들은 쥐 때문에 골치가 아팠습니다. 쥐들은 사람들의 음식을 먹어 치울 뿐 아니라 사람을 공격하기까지 했습니다. 시민들은 시장에게 쥐를 없애 달라고 했지만 시장도 어쩔 수 없었습니다.

그러던 어느 날 한 사나이가 마을에 나타났습니다. 그 사나이는 쥐를 모두 없애 줄 테니 금화 천 냥을 달라고 했습니다. 시장은 그렇게 하겠다고 약속했습니다.

사나이가 피리를 불자 온 도시이 쥐가 사나이를 따라갔습니다. 그러고는 전부 강에 뛰어들어 죽었습니다.

[나]

다음 날 아침, 사나이는 시장을 찾아갔습니다.

"어젯밤 도시의 쥐들이 모두 강물에 빠져 죽었습니다. 이제 금화를 주십시오."

피리 부는 사나이는 시장에게 약속한 돈을 달라고 했습니다.

"당신이 쥐를 없앴다는 증거가 있소? 쥐들이 알아서 강물에 빠져 죽은 것이지, 당신 피리 소리를 듣고 죽은 게 아니오. 하지만 수고했으니 이 돈은 가져가시오."

시장은 은화 사십 냥을 꺼내어 사나이에게 주었습니다. 사나이는 약속을 지키지 않는 시장에게 무척 화가 났습니다.

　　"그 돈은 받지 않겠습니다. 도움을 받을 때는 언제고 이제 와서 다른 말을 하다니. 거짓말을 한 대가로 이 도시의 아이들이 피해를 보게 될 겁니다."

　　사나이는 도시를 떠났습니다. 시장과 도시의 사람들은 사나이를 비웃었습니다.

　　하지만 얼마 뒤 ㉠ 끔찍한 일이 벌어졌습니다. 아이들이 흔적도 없이 사라진 것입니다.

　　"우리 아이들이 대체 어디로 갔을까?"

　　거리마다 아이를 찾는 소리로 가득했습니다. 그때 도시의 동쪽 문에서 세 아이가 울면서 달려왔습니다. 마을 아이들 모두 피리 소리를 따라 산으로 갔는데, 자신들은 걸음이 느려서 함께 가지 못했다며 울었습니다.

1 빈칸에 알맞은 낱말을 넣어 이 글의 제목을 지어 보세요. | 제목 |

부는 사나이

2 쥐 때문에 마을 사람들이 받은 피해를 [가]에서 찾아 쓰세요. | 내용 파악 |

3 이 글의 내용과 <u>다른</u> 것을 찾으세요. |내용 파악|

① 쥐가 사람들을 괴롭게 했다.

② 쥐를 없애면 시장이 사나이에게 금화 천 냥을 주기로 약속했다.

③ 사나이가 쥐를 모두 없앴다.

④ 쥐는 모두 굶어 죽었다.

⑤ 시장이 약속을 어겼다.

4 ㉠은 어떤 일인가요? |내용 파악|

① 사나이가 쥐를 다시 불러온 일.

② 마을에 쥐 떼가 훨씬 많이 나타난 일.

③ 사나이가 아이들을 데리고 사라진 일.

④ 시장이 마을에서 사라진 일.

⑤ 사나이가 돈을 훔쳐 달아난 일.

5 [나]에 나타난 사나이의 행동을 한 낱말로 나타내면 무엇일까요? |추론|

① 기도   ② 여행   ③ 도망

④ 복수   ⑤ 장난

6 이 글과 어울리지 <u>않는</u> 느낌을 말한 사람은 누구인가요? |감상|

① 소희: 내가 사나이였어도 시장에게 화가 났을 것 같아.

② 수호: 쥐들이 스스로 강물에 빠져 죽었는데, 돈을 달라고 한 사나이가 못됐어.

③ 영민: 약속을 지키지 않은 시장이 잘못했어. 약속은 꼭 지켜야 해.

④ 정혁: 하멜른 사람들도 나빠. 쥐를 없애 준 사람을 비웃다니.

⑤ 지윤: 시장이 약속을 지키지 않았어도 아이들을 데려가 버린 행동은 나빠.

늙은 부부가 잠을 자는데 도둑이 들어와서 마루 밑에 숨었습니다.

"아이고, 영감! 마루에서 무슨 소리가 나는데, 도둑이 들었나 봐요."

아내가 남편에게 말하는 소리를 듣고, 도둑은 들키는가 싶어 가슴이 조마조마했습니다. 도둑은 그 자리에 납작 엎드려 ㉠ 숨을 죽이고 가만히 있었습니다.

"마루 밑에서 쥐새끼들이 그러는 거겠지."

주인 영감이 대답하는 소리에 도둑은 옳다구나 하고, "찍 찍 찍찍!" 쥐 소리를 냈습니다. 이 소리를 들은 남편이 아내에게 말했습니다.

"그것 보게. 저게 쥐새끼 소리가 아니고 무언가!"

"쥐 소리요? 소리가 너무 큰걸요? 쥐는 아니에요."

"그럼 고양이겠지."

부부의 이야기를 들은 도둑이 이번에는 고양이 소리를 냈습니다.

"야옹 야옹!"

"저것 보게. 고양이 아닌가?"

"고양이보다는 소리가 큰걸요? 고양이도 아닌가 봐요."

"고양이보다 소리가 크면 개겠지."

"멍 멍 멍멍멍!"

도둑이 개 소리까지 냅니다.

"저것 보아! 개 소리지."

"개 소리하고는 다른걸요?"

"그럼 닭 소린 게지!"

"<u>꼬꼬 꼬꼬 꼬꼬꼬!</u>"

"저건 닭 소리 아닌가?"

"닭 소리보다는 소리가 몹시 큰걸요?"

"그럼 송아지 소린 게지."

"음매 음매!"

"송아지 소리보다 큰걸요?"

"그럼 코끼린 게지."

도둑도 코끼리 소리는 알 수가 없으니까 생각나는 대로 소리를 냈다.

"기리 기리 기리!"

"저게 무슨 소리요? 코끼리도 웁니까? 저건 분명히 도둑놈이오."

"그럼 나가 보지."

도둑이 달아날 곳이 없으니까, 급한 대로 부엌으로 뛰어 들어갔습니다. 그리고는 물독에 들어가 숨어서 얼굴만 물 위에 내놓고 앉았습니다. 주인 영감이 물독을 들여다보다가 물 위에 있는 도둑 얼굴을 보고 소리를 쳤습니다.

"이게 무언가? 바가진가, 도깨빈가?"

"박 박 박!"

도둑이 바가지 소리를 만들어 냈습니다.

"으응, 바가지로군……."

영감은 안심하고, 도로 들어가서 자더랍니다.

(방정환)

1 도둑은 주인이 나오자 부엌의 어디에 들어가 숨었나요? |내용 파악|

2 늙은 부부에게 어떤 일이 일어났나요? | 내용 파악 |

① 늙은 부부가 도둑질을 했다.

② 늙은 부부가 귀신을 보았다.

③ 늙은 부부 집에 도둑이 들었다.

④ 늙은 부부가 도둑을 잡았다.

⑤ 늙은 부부네 고양이가 쥐를 잡았다.

3 도둑이 "찍 찍 찍찍" 하고 쥐 소리를 흉내 낸 까닭을 고르세요. | 내용 파악 |

① 고양이를 잡으려고.

② 늙은 부부의 마음을 외롭지 않게 해 주려고.

③ 할아버지가 쥐 소리를 듣고 싶어 해서.

④ 자신이 낸 소리를 쥐 소리로 착각하게 하려고.

⑤ 쥐 소리 흉내를 자랑하려고.

4 이 글의 내용과 다른 것을 찾으세요. | 내용 파악 |

① 마루에서 나는 소리를 확인하러 할아버지가 나갔다.

② 할머니는 마루에 도둑이 들었다고 생각했다.

③ 할아버지는 도둑이 들어온 것을 알고 있었다.

④ 부부는 도둑을 잡지 못했다.

⑤ 도둑은 결국 들키지 않았다.

5 밑줄 친 ㉠의 뜻으로 알맞은 것을 고르세요. |표현|

① 조용히 하고.　　　　　② 목숨을 걸고.

③ 긴장을 풀고.　　　　　④ 입을 다물고.

⑤ 고개를 숙이고.

6 할아버지의 성격으로 옳은 것을 고르세요. |추론|

① 지혜롭다.　　　② 유쾌하다.　　　③ 용감하다.

④ 너그럽다.　　　⑤ 어리석다.

7 다음은 이 이야기를 지은 방정환에 대한 글입니다. 밑줄 친 '어린이날'은 언제일까요? |배경지식|

> ○월 ○일은 어린이날이다. 이날을 처음 만든 사람이 방정환이다. 방정환은 1899년에 태어났다. 호는 '소파'이며, 어린이를 위한 이야기를 썼다.
>
> 또 어린이 문화 운동 단체인 '색동회'를 조직하여, 잡지 〈어린이〉를 만들었다.
>
> 방정환은 평생 어린이를 위해 일하고 1931년에 눈을 감았다.
>
> * 호: 자기의 원래 이름 말고, 따로 지어서 부르는 이름.

① 4월 5일　　　　　　② 5월 5일

③ 5월 8일　　　　　　④ 5월 15일

⑤ 6월 6일

어느 날, 숲속 동물의 왕인 사자가 새들을 불러 놓고 말했습니다.

"가장 화려하고 멋진 새를 새들의 왕으로 삼을 것이다."

새들은 샘물가에 모였습니다. 새들은 저마다 왕이 되고 싶어서 부리로 날개를 다듬으며 자신의 깃털을 자랑하였습니다.

까마귀도 새들의 왕이 되고 싶었습니다. 하지만 머리부터 발끝까지 온통 까만 자신의 몸을 보고 까마귀는 한숨을 쉬었습니다.

'㉠ 나처럼 까만 새는 왕이 될 수 없을 것 같아.'

그런데 새들이 떠난 샘물가에 예쁜 깃털이 잔뜩 떨어져 있었습니다.

까마귀는 좋은 생각이 떠올랐습니다.

'이 깃털들을 달면 내가 제일 아름답게 될지도 몰라.'

까마귀는 예쁜 깃털들을 주워 모아 몸에 붙였습니다. 공작새의 깃털을 꼬리에, 꾀꼬리의 깃털을 가슴에, 독수리의 깃털을 날개에 붙였습니다. 그러고 나니 자신의 모습이 정말 아름다워 보였습니다.

까마귀는 샘물에 자신의 모습을 비추어 보았습니다.

'㉡ 이제 나보다 아름다운 새는 없을 거야.'

드디어 새들의 왕을 정하는 날이 되었습니다.

예쁘게 단장한 새들이 사자 앞에 모였습니다. 사자는 차례로 둘러보다가 까마귀를 보며 말했습니다.

"오, 그래. 네가 가장 아름답구나. 네가 오늘부터 새들의 왕이다."

까마귀는 기뻐 날뛰었습니다. 그 모습을 본 다른 새들은 화가 났습니다.

"어? 까마귀의 꼬리에 붙은 저 꼬리털은 내 것이잖아!"

공작새의 말에 새들이 까마귀 주변에 모여들었습니다.

"까마귀 가슴에 붙은 깃털은 내 것이야."

"어머, 머리에 붙은 저 깃털은 내 것인데."

새들은 한꺼번에 달려들어 까마귀가 붙인 깃털을 모두 뽑아 버렸습니다.

'ⓒ 어쩌지? 새까만 내 모습이 들통나고 말았어.'

사자는 까마귀의 모습을 보고 껄껄 웃었습니다.

"허허, 결국 드러나고 말았구나. 아무리 잘 꾸며도 거짓은 밝혀지기 마련이란다."

까마귀는 자기의 잔꾀가 부끄러워 고개를 숙이고 도망쳤습니다.

(이솝 우화)

* 잔꾀: 깊이 생각하지 않고 내는 꾀.

1 이 글의 주인공은 누구입니까? |인물|

① 사자　　　　　② 까마귀　　　　　③ 공작새

④ 꾀꼬리　　　　　⑤ 독수리

2 사자는 어떤 새를 새들의 왕으로 삼기로 했나요? |내용 파악|

① 가장 나이가 많은 새.

② 가장 몸집이 큰 새.

③ 가장 화려하고 멋진 새.

④ 가장 목소리가 예쁜 새.

⑤ 가장 인기가 많은 새.

3 까마귀가 자신의 몸을 보면서 한숨을 쉰 까닭은 무엇인가요? Ⅰ 내용 파악 Ⅰ

① 몸이 너무 뚱뚱해서.

② 몸이 까매서 왕이 될 수 없을 것 같아서.

③ 몸이 지저분해서 다른 새들이 싫어할 것 같아서.

④ 샘물가에서 깃털을 모으고 다녀서.

⑤ 왕이 되려면 깃털이 더 많아야 할 것 같아서.

4 까마귀는 새들의 왕이 되기 위해 어떻게 했나요? Ⅰ 내용 파악 Ⅰ

① 몸을 깨끗이 씻었다.

② 자신의 깃털을 뽑았다.

③ 꽃으로 몸을 화려하게 꾸몄다.

④ 다른 새들의 깃털을 모두 뽑았다.

⑤ 다른 새들의 깃털을 주워서 자신의 몸에 붙였다.

5 밑줄 친 ㉠ ~ ㉢에서 까마귀의 마음은 각각 어떠했을까요? Ⅰ 추론 Ⅰ

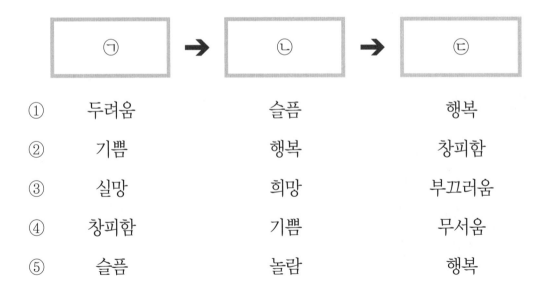

	㉠	㉡	㉢
①	두려움	슬픔	행복
②	기쁨	행복	창피함
③	실망	희망	부끄러움
④	창피함	기쁨	무서움
⑤	슬픔	놀람	행복

6 이 이야기를 통해 이솝이 말하고자 했던 내용은 무엇일까요? 윗글에서 그 내용을 찾아 문장을 완성하세요. |주제|

아무리 잘 꾸며도   마련이다.

---

7 '까마귀'와 관련 있는 속담입니다. 속담과 뜻을 바르게 짝지으세요. |배경지식|

(1)
| 까마귀 날자 배 떨어진다 |
●

● | 깜빡깜빡 잘 잊어버리는 사람을 놀리는 말. |

(2)
| 까마귀 고기를 먹었나 |
●

● | 어떤 일이 동시에 일어나서 억울한 의심을 받을 때 쓰는 말. |

---

8 빈칸을 채워 이야기의 줄거리를 완성하세요. |요약|

사자는 가장 화려하고 멋진 새를 새들의 [　　] 으로 삼을 거라고 했다. 그래서 까마귀는 다른 새들의 [　　][　　] 을 붙여 몸을 치장했다. 까마귀가 [　　] 이 되자 다른 새들이 달려들어 까마귀의 몸에 붙은 자신들의 깃털을 모두 뽑아 버렸다. 원래의 모습이 밝혀지자 까마귀는 부끄러워 도망갔다.

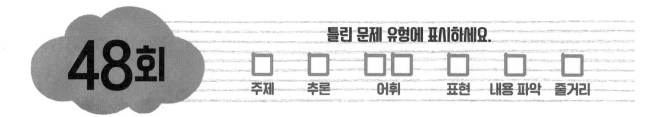
어느 마을에 농부가 세 아들과 살고 있었습니다.

농부는 세 아들에게 사이좋게 지내라고 늘 타일렀지만 삼 형제는 만나기만 하면 서로 싸우느라 바빴습니다.

"너, 정말 내 말 안 들을 거야?"

"흥! 내가 왜 형 말을 들어야 해?"

"이게 정말……."

㉠ 아버지는 세 아들이 싸우는 것만 보면 머리가 지끈지끈 아팠습니다.

"이 녀석들아, 너희들은 어쩌자고 만나기만 하면 싸움질이냐?"

아무리 야단치고 타일러도 형제들의 싸움은 그치지 않았습니다.

보다 못한 아버지는 아들 셋을 방으로 부르고 나뭇가지 한 ㉡ 단을 가져왔습니다.

"첫째야, 이 나뭇가지 열 개를 한꺼번에 부러뜨려 보아라."

첫째는 고개를 갸우뚱거리면서도 팔에 힘을 주어 꺾어 보려 하였습니다. 그러나 얼굴이 벌게지도록 힘을 주어도 꺾이지 않았습니다.

"아버지, 나뭇가지가 휘어지기만 하고 부러지지 않아요."

"안 되느냐? 그러면 둘째와 셋째가 차례로 부러뜨려 보아라."

농부는 둘째와 셋째 아들에게도 똑같이 시켰습니다. 둘째와 셋째도 나뭇단을 부러뜨리려고 땀을 뻘뻘 흘렸습니다. 하지만 부러지지 않았습니다.

"아버지, 아무리 힘을 줘도 부러지지 않아요."

"그렇다면 한 가닥씩 나누어 쥐고 꺾어 보아라."

삼 형제는 아버지의 말대로 각자 하나씩 나뭇가지를 나누어 쥐고 힘을 주

* 나뭇단: 땔나무(불을 때는 데에 쓰는 나무) 여러 개를 묶어 놓은 것.

었습니다. 나뭇가지들은 딱딱 부러졌습니다.

"아버지, 열 개 모두 부러뜨렸어요."

그제야 아버지는 세 아들에게 조용히 타일렀습니다.

"애들아, 알겠느냐? 이 세상을 살면서 힘든 일이 많이 닥칠 것이다. 그럴 때, 너희 삼 형제가 힘을 합하면 나뭇단처럼 아무도 너희를 꺾지 못할 것이다. 그러나 서로 싸우기만 하고 돕지 않으면 나뭇가지 하나처럼 쉽게 부러져 버릴 것이다. 그러니 서로 싸우지 말고 힘을 합쳐 지내거라."

삼 형제는 자신들의 잘못을 뉘우치고, 아버지의 말씀을 가슴 깊이 새겼습니다.

(전래 동화)

1 이 이야기에서 가장 중요한 내용은 무엇인가요? |주제|

① 부모님 말씀을 잘 듣자.

② 형제끼리 사이좋게 지내자.

③ 이 세상에는 어려운 일이 많다.

④ 나무를 부러뜨리려면 하나씩 꺾어야 한다.

⑤ 나무를 함부로 꺾지 말자.

2 ㉠에서 알 수 있는 아버지의 마음이 아닌 것을 고르세요. |추론|

① 안타까움　　　② 화남　　　③ 걱정스러움

④ 우스움　　　⑤ 속상함

3 ⓛ '단'은 '채소, 땔감, 짚 등의 묶음'을 뜻합니다. 다음 중 '단'을 쓸 수 없는 것을 고르세요. |어휘|

① 시금치 한 <u>단</u>   ② 파 한 <u>단</u>   ③ 나뭇가지 한 <u>단</u>

④ 신발 한 <u>단</u>   ⑤ 벼 한 <u>단</u>

4 아버지가 빗대어 말한 내용을 알맞게 줄로 이으세요. |표현|

(1)
| 서로 묶여 꺾이지 않는 나뭇가지 한 단. |

•   •
| 서로 싸우는 삼 형제. |

(2)
| 하나씩 나뉘어 꺾이는 나뭇가지. |

•   •
| 서로 돕는, 사이좋은 삼 형제. |

5 이 글의 내용을 바르게 이해한 사람은 누구인가요? |내용 파악|

① 은기: 농부는 큰 병에 걸려서 머리가 지끈지끈 아팠어.

② 나래: 농부가 세 아들에게 가르친 것은 나뭇가지는 하나씩 꺾어야 한다는 거야.

③ 동우: 삼 형제는 아버지께 꾸중을 듣지 않으려고 사이좋게 지내기로 했어.

④ 재형: 삼 형제는 나뭇가지를 한꺼번에 꺾으려면 힘을 키워야 한다는 걸 알았어.

⑤ 세나: 삼 형제는 서로 힘을 합치면 어떤 어려움도 이겨낼 수 있다는 걸 깨달았어.

6 다음 그림을 보고 보기에서 알맞은 낱말을 골라 쓰세요. | 어휘 |

형제	: 형과 남동생을 아울러 이르는 말.
자매	: 언니와 여동생을 아울러 이르는 말.
남매	: 오빠와 여동생이나 누나와 남동생을 아울러 이르는 말.

7 이야기의 내용을 정리했습니다. 순서에 맞게 번호를 쓰세요. | 줄거리 |

① 농부가 나뭇가지 열 개를 한꺼번에 부러뜨리라고 했지만 아무도 꺾지 못했다.

② 삼 형제는 잘못을 뉘우치고 아버지의 말을 가슴에 새겼다.

③ 농부의 세 아들은 만나기만 하면 싸웠다.

④ 나뭇가지를 한 개씩 부러뜨리라고 하자 삼 형제 모두 꺾었다.

⑤ 농부는 아들들을 방으로 불러들이고 나뭇가지 한 단을 가져왔다.

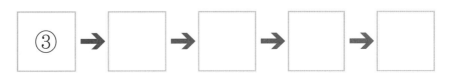

③ → ☐ → ☐ → ☐ → ☐

아이의 서랍에는 장난감이 잔뜩 들어 있었습니다. 그 가운데 팽이가 공을 보고 말했습니다.

"공아, 안녕? 나는 팽이야. 우리 사귀어 볼래?"

팽이가 활짝 웃으며 말했습니다. 하지만 예쁜 가죽옷을 입은 공은 아무 대답도 하지 않고 고개를 휙 돌리며 옆으로 데굴데굴 굴러갔습니다.

다음 날, 아이가 서랍을 열었습니다. 소년은 팽이를 꺼내서 아름답게 색칠을 했습니다. 팽이는 아주 멋있어졌습니다.

"자, 어때? 공아, 나를 한번 봐 봐!"

팽이가 자랑스럽게 공을 불렀습니다.

"공아, 나도 너처럼 예쁜 옷을 입었어. 이젠 너와 어울리지 않니?"

"넌 못 생겨서 싫어! 난 하늘을 나는 멋진 제비랑 친구할 거야."

팽이는 아무 말도 못 하고 고개만 숙였습니다.

다음날 아이는 공을 가지고 놀았습니다. 공은 뽐내듯이 공중으로 통통 튀어 올랐습니다. 팽이가 볼 수 없을 만큼 높이 올라갔습니다. 그런데 열 번째로 튀어 오른 뒤에 다시는 내려오지 않았습니다.

"공이 없어졌어. 어디로 갔지?"

아이는 이리저리 뛰어다니며 공을 찾았습니다. 하지만 아무리 찾아보아도 공은 보이지 않았습니다.

'공은 틀림없이 제비에게 갔을 거야.'

팽이는 혼잣말로 중얼거렸습니다. 그 뒤로도 팽이는 공을 생각하며 돌고 또 돌았습니다.

그 뒤로 몇 년이 지났습니다. 세월이 흐른 만큼 팽이도 낡았습니다. 그래서 아이는 팽이를 꺼내어 금색으로 칠했습니다. 팽이는 반짝반짝 빛을 내며 윙윙 소리가 날 때까지 돌았습니다. 그렇게 마당을 돌아다니다가 그만 쓰레기통 속으로 들어가고 말았습니다.

"이제 내 황금빛도 곧 사라지고, 여기 쓰레기들처럼 살아가겠구나."

팽이는 혼자 중얼거리며 주위를 둘러보았습니다. 썩은 채소와 과일 껍질이 고약한 냄새를 풍기고 있었습니다. 그런데 그 가운데 낡고 꾀죄죄한 공이 있었습니다.

"오랜만에 내 말을 들어 줄 만한 상대가 들어왔군. 난 아주 고급 공이에요. 겉은 좋은 가죽으로 되어 있고, 그 위에 사람이 직접 수를 놓았지요. 홈통에 걸려서 몇 년 동안 거기서 살다 보니 이렇게 되었죠."

팽이는 아무 말도 하지 않았습니다. 그 공이 옛날에 자신이 좋아했던 공인 것도 눈치채지 못했습니다. 그때였습니다.

"금색 팽이가 여기 있었구나."

아이의 엄마가 쓰레기를 버리러 왔다가 쓰레기통 속의 팽이를 꺼내어 집에 가져갔습니다. 팽이는 더 이상 공을 생각하지 않았습니다.

(안데르센)

* 꾀죄죄한: 매우 지저분하고 초라한.
* 수: 헝겊 등에 색실을 바늘로 떠 놓는 그림이나 글자.

1 빈칸에 알맞은 낱말을 넣어 이 글의 제목을 지어 보세요. | 제목 |

		와	

2 이 글의 중심 생각으로 알맞은 것을 찾으세요. ㅣ주제ㅣ

① 친구를 오랜만에 다시 만나면 더 반갑다.

② 잘못한 일이 있으면 바로 사과해야 한다.

③ 무엇이든 겉모습만 보고 판단해서는 안 된다.

④ 거짓말을 하면 안 된다.

⑤ 장난감을 함부로 다루면 안 된다.

3 팽이와 공이 처음 만난 곳과 헤어진 뒤에 다시 만난 곳을 쓰세요. ㅣ내용 파악ㅣ

(1) 처음 만난 곳. _____

(2) 헤어진 뒤에 다시 만난 곳. _____

4 그림의 화살표가 가리키는 것을 앞 글에서 찾아 쓰세요. ㅣ어휘ㅣ

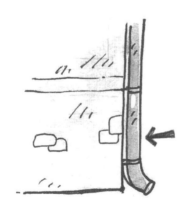

물이 흐르거나 타고

내리도록 만든 물건.

5 이 글의 내용으로 맞는 것에는 O, 틀린 것에는 X 하세요. **| 내용 파악 |**

① 공과 팽이가 다시 만났을 때, 공이 먼저 팽이에게 말을 걸었다. (　　　　)

② 공은 팽이가 싫어서 제비에게 갔다. (　　　　)

③ 아이는 팽이를 쓰레기통에 버렸다. (　　　　)

6 친구를 사귀는 방법이 '공'과 가장 가까운 사람을 찾으세요. **| 적용 |**

① 민재: 나는 모든 사람과 친구가 되고 싶어. 누구든 친구가 될 수 있어.

② 은진: 나는 재미있는 친구가 좋아. 재미없는 사람은 싫어.

③ 준서: 나는 운동하는 친구가 좋아. 같이 운동하면 좋잖아.

④ 진선: 나는 공부를 잘하는 친구가 좋아. 그런 친구만 사귈래.

⑤ 주현: 나는 예쁜 사람이 좋아. 예쁘면 성격도 좋게 느껴져.

7 다음 중 이 글을 가장 잘 읽은 사람은 누구인가요? **| 감상 |**

① 현성: 장난감이 없어서 오래된 팽이에 계속 색을 덧칠해서 사용한 것 같아. 아이가 불쌍해.

② 미주: 오랜만에 만났어도 친구를 잊으면 안 돼. 공을 못 알아보다니, 팽이가 너무했어.

③ 정연: 세월이 흘러서 팽이의 마음도 식은 것 같아. 어떻게 좋아하는 마음이 변할 수 있지? 공이 불쌍해.

④ 진형: 아무리 색칠을 잘해도 낡은 물건은 티가 나. 그래서 공이 팽이를 계속 싫어한 것 같아.

⑤ 재원: 시간이 흘렀어도 공은 변하지 않았어. 끝까지 겉모습만 보고 상대를 평가한 공의 모습이 안타까워.

　　부자와 머슴이 한집에 살았습니다. 부자는 돈 모으는 것을 좋아했습니다. 큰 자루에 돈을 넣고 눈만 뜨면 돈을 찾았습니다. 누가 훔쳐 갈까 봐 잘 때에도 돈 자루를 베고 잤습니다.

　　부자는 돈을 아끼는 일이라면 무슨 짓이든 했습니다. 머슴에게 주는 밥도 아까웠습니다. 그래서 쌀가루 대신 옥수숫가루로 떡을 만들어 주었습니다. 그것도 아침, 점심, 저녁으로 하루에 딱 세 개만 주었습니다. 머슴이 아파서 일을 못 하는 날에는 그마저도 주지 않았습니다.

　　그래서 머슴은 떡을 소중히 여겼습니다. 머슴은 부자가 돈을 모으는 것처럼 떡을 모았습니다. 떡을 먹을 때마다 부스러기가 떨어지면 그것을 주워 햇볕에 말렸습니다. 그리고 말린 부스러기를 자루에 모았습니다. 부자는 머슴이 떡 부스러기를 모으는 것을 보고 비웃으며 말했습니다.

　　"이 어리석은 놈아, 그깟 떡 부스러기를 모아서 어디에 쓰겠냐? 그것을 다 채워 봐야 돈 한 푼만 하겠느냐?"

　　부자가 그러거나 말거나 머슴은 열심히 떡 부스러기를 모았습니다. 어느덧 떡 부스러기가 자루 하나를 가득 채웠습니다.

　　그해 여름, 비가 많이 내려 마을에 큰 홍수가 났습니다. 집까지 물에 잠기자 사람들은 물을 피해 산으로 올라갔습니다. 집집마다 사람들은 가장 귀한 것을 짊어지고 갔습니다. 부자는 커다란 돈 자루를, 머슴은 커다란 떡 자루를 지고 끙끙거리며 산을 올랐습니다.

　　사람들은 산꼭대기에서 물이 빠지기만 기다렸습니다. 하루가 지나고 이틀이 지나도 물은 그대로였습니다. 사람들은 너무 배가 고팠습니다. 머슴은 가지고 온 떡 자루에서 부스러기를 꺼내 먹었습니다. 부자는 떡 부스러기를 얻어먹으려고 머슴 옆에 바싹 다가앉았습니다. 머슴은 부자를 본 체도 않고 저 혼자 떡 부스러기를 먹었습니다.

산에 올라온 지 며칠이 지났습니다. 부자는 너무 배가 고파서 눈앞이 빙글빙글 돌 것 같았습니다. 하지만 머슴은 쩝쩝거리며 떡 부스러기를 먹었습니다. 참다못한 부자가 머슴에게 말했습니다.

"애, 그 떡 부스러기 한 줌만 다오. 내가 돈 다섯 푼을 주마."

머슴은 부자의 말에 ㉠ 콧방귀만 뀌었습니다.

"돈이 적어서 그러냐? 내가 한 냥을 주마."

부자가 돈을 올려서 말했지만 이번에도 머슴은 들은 척도 하지 않았습니다. 참다못한 부자는 기와집 한 ㉡ 채 값인, 천 냥을 준다고 말했습니다. 그래도 머슴은 아무 말이 없었습니다.

다음 날, 굶주림에 지친 부자는 겨우 눈을 떴습니다. 그날도 머슴은 부자 옆에서 떡 부스러기를 먹고 있었습니다. 부자는 돈 자루를 통째로 머슴에게 주면서 싹싹 빌었습니다.

"더는 못 참겠다. 이 돈 다 줄 테니 제발 그 부스러기 한 줌만 다오."

그제야 머슴은 못 이기는 척 돈 자루를 받고 떡 부스러기를 조금 나누어 주었습니다. 부자는 그토록 아끼던 돈 자루를 돈 한 푼보다 못한 떡 부스러기와 바꾸었습니다.

(전래 동화)

1 이 글에 등장하는 주인공 둘을 쓰세요. |인물|

_____ , _____

2 이 글의 내용과 다른 것을 고르세요. | 내용 파악 |

① 부자는 머슴에게 밥 대신 옥수수떡을 주었다.

② 머슴은 떡 부스러기를 자루에 모았다.

③ 마을에 큰 홍수가 나서 사람들은 물을 피해 산으로 올라갔다.

④ 부자는 머슴에게 돈을 주고 떡 부스러기를 사려고 했다.

⑤ 머슴은 천 냥을 받고 떡 부스러기를 팔았다.

3 다음 뜻에 알맞은 낱말을 이 글에서 찾아 쓰세요. | 어휘 |

> 옛날에, 부잣집의 일꾼이 되어
> 일을 해 주고 대가를 받던 남자.

4 ㉠의 뜻으로 알맞은 것을 고르세요. | 표현 |

① 코를 풀었다.

② 코가 막혀 킁킁거렸다.

③ 남의 말을 들은 체 만 체했다.

④ 남의 말을 귀담아들었다.

⑤ 킁킁 소리를 내며 냄새를 맡았다.

5 ㉡ '채'는 집을 세는 낱말입니다. '세는 말'이 잘못 쓰인 것을 고르세요. | 어휘 |

① 필통 안에 연필이 세 자루 있다.

② 할머니는 닭 일곱 마리를 키우신다.

③ 주미는 장미꽃 한 송이를 받았다.

④ 승우는 도서관에서 책 세 필을 빌렸다.

⑤ 어머니께서 옷 한 벌을 사 주셨다.

6 부자의 성격으로 알맞은 것을 고르세요. | 추론 |

① 친절하다.　　　　② 욕심 많다.　　　　③ 게으르다.

④ 지혜롭다.　　　　⑤ 부지런하다.

7 이 글을 통해 알 수 있는 내용이 <u>아닌</u> 것을 찾으세요. | 추론 |

① 그 당시에는 기와집 한 채가 천 냥 정도 했다.

② '푼'은 '냥'보다 작은 단위다.

③ 그 당시에는 양반과 머슴 등으로 신분이 나뉘었다.

④ 그 당시에는 옥수숫가루가 쌀가루보다 쌌다.

⑤ 그 당시에는 주인의 말을 듣지 않는 머슴이 많았다.

8 이 글의 내용을 정리했습니다. 순서에 맞게 나열하세요. | 줄거리 |

> ① 먹을 것이 없어 모두 굶고 있는데 머슴은 떡 부스러기를 꺼내 먹었다.
>
> ② 옛날에 돈 모으는 부자와 떡 부스러기를 모으는 머슴이 살았다.
>
> ③ 부자가 머슴에게 떡 부스러기를 팔라고 했지만 머슴은 모르는 체했다.
>
> ④ 마을에 큰 홍수가 나서 부자는 돈 자루를, 머슴은 떡 자루를 지고 산으로 올라갔다.
>
> ⑤ 부자는 돈 자루를 떡 부스러기 한 줌과 바꾸었다.

② → □ → □ → □ → □

　어느 마을에 욕심 많은 형과 착한 동생이 살고 있었습니다. 어느 날, 갑자기 부모가 죽어 형제는 많은 유산을 물려받게 되었습니다. 하지만 형은 부모님의 유산을 혼자 다 차지하고 싶었습니다. 그래서 도끼 한 자루만 던져 주고는 동생을 내쫓았습니다.

　"넌 이걸 가지고 가서 열심히 살아라! 그리고 형편이 되거든 부모님 제사도 잊지 말고 지내거라!"

　동생은 열심히 나무를 베어다 팔았습니다. 하루는 나무를 하다 지쳐서 숲에서 잠이 들었습니다. 그 사이에 원숭이 무리가 나타나서 동생을 우두머리 원숭이 앞으로 끌고 갔습니다.

　우두머리 원숭이가 부하 원숭이들에게 물었습니다.

　"이 녀석을 금 구덩이에 묻을까, 은 구덩이에 묻을까?"

　"금 구덩이요!"

　동생은 금이 가득한 구덩이에 묻혔습니다. 잠에서 깨어난 동생은 깜짝 놀랐습니다. 여기를 봐도 저기를 봐도 금이 가득했기 때문입니다. 동생은 금을 가득 퍼 담아 집에 돌아온 후, 형에게 편지를 썼습니다.

　"형님, 그동안 제가 형편이 어려워 부모님 제사를 못 모셨습니다. 그런데 이제 형편이 좋아졌으니 저희 집에 오셔서 함께 제사를 지내요."

　형은 코웃음 치며 답장을 보냈습니다.

　"㉠ 네가 형편이 좋아졌다니 다행스러운 일이구나. 하지만 너희 집에 가려면 이 귀한 몸이 움직여야 하는데, 난 금 길이 아니면 가지 않는다. 그러니 네가 땅을 사서 그 길에 금을 칠해 놓으면 내가 가 주마."

　동생은 땅을 사서 금을 칠한 뒤에 다시 형을 초대했습니다.

깜짝 놀란 형은 한달음에 달려와 동생에게 부자가 된 까닭을 물었습니다. 동생이 부자가 된 사연을 들은 형은 그길로 숲으로 달려갔습니다. 그러고는 아무 나무나 찍어 대더니 도끼를 내던지고 나무 아래 누워 잠든 척했습니다. 얼마 뒤, 원숭이 무리가 나타나서 형을 우두머리 원숭이 앞으로 데려갔습니다. 우두머리 원숭이는 형을 훑어보더니 부하들에게 물었습니다.

"이 녀석을 금 구덩이에 묻을까, 은 구덩이에 묻을까?"

"은 구덩이요!"

그러자 자는 척하고 있던 형이 눈을 번쩍 뜨고 다급하게 외쳤습니다.

"아니, 아니! 금 구덩이에 묻어 주세요!"

깜짝 놀란 원숭이들은 형에게 달려들어 땅속 구멍으로 형을 휙 집어던졌습니다. ⓛ 그 뒤로 형을 본 사람은 아무도 없었습니다.

(베트남 전래 동화)

1 아래의 뜻을 지닌 낱말을 윗글에서 찾아 쓰세요. |어휘|

(1) 음식을 차려 놓고, 죽은 사람을 생각하며 절을 하는 일.

(2) 어떤 집단이나 조직에서 가장 높은 사람.

(3) 중간에 쉬지 않고 한 번에 달려감.

2 이 글에 등장하지 <u>않는</u> 인물은 누구인가요? | 인물 |

① 형   ② 동생
③ 산신령   ④ 우두머리 원숭이
⑤ 부하 원숭이

3 이 글의 내용과 <u>다른</u> 것을 고르세요. | 내용 파악 |

① 부모가 죽자, 형은 도끼 한 자루만 던져 주고는 동생을 내쫓았다.
② 동생은 숲에서 열심히 나무를 베어다 팔았다.
③ 원숭이들은 동생을 금 구덩이에 묻었다.
④ 동생은 형에게 부자가 된 사연을 말해 주었다.
⑤ 원숭이들은 형을 은 구덩이에 묻었다.

4 형이 동생의 이야기를 듣고 숲으로 달려간 까닭은 무엇인가요? | 추론 |

① 나무를 베어다 팔려고.   ② 도끼를 찾으려고.
③ 원숭이를 잡으려고.   ④ 원숭이를 좋아해서.
⑤ 원숭이를 만나 금 구덩이에 묻히려고.

5 형은 ㉠을 어떤 마음으로 말했을까요? | 추론 |

① 부러워하는 마음.   ② 무시하고 비웃는 마음.
③ 안타깝고 속상한 마음.   ④ 고마운 마음.
⑤ 사랑하는 마음.

6 밑줄 친 ⓛ의 뜻으로 가장 알맞은 것을 고르세요. | 추론 |

① 형이 멀리 떠났다.　　　　　② 형이 죽었다.

③ 형이 숨었다.　　　　　　　④ 형이 원숭이가 되었다.

⑤ 사람들이 형을 찾지 않았다.

7 이 글의 내용과 어울리지 <u>않는</u> 느낌을 말한 사람을 고르세요. | 감상 |

① 지원: 부모가 남겨 준 재산을 혼자 다 차지하다니, 형은 욕심쟁이야.

② 서진: 어려운 상황에도 불평하지 않고 열심히 살아가는 동생이 대단해.

③ 가람: 형과 동생이 서로 돕고 지내서 보기 좋아.

④ 다혜: 동생은 착하게 살아서 복을 받은 거 같아.

⑤ 나은: 형은 너무 욕심을 부려서 벌을 받은 거 같아.

8 앞 글과 비슷한 전래 동화입니다. 다음 글의 제목을 찾으세요. | 배경지식 |

> 어느 마을에 형제가 함께 살았다. 부모님이 돌아가시자 형은 동생을 내쫓고 부모님의 재산을 혼자 다 차지했다.
>
> 어느 봄, 동생이 제비의 부러진 다리를 고쳐 주었다. 이듬해에 제비는 동생에게 박씨를 물어다 주었고, 잘 자란 박 안에서 온갖 보물이 나와 동생은 부자가 되었다.
>
> 동생의 소식을 들은 형은 제비 다리를 부러뜨리고 나서 치료해 주었다. 이듬해, 제비는 형에게도 박씨를 물어다 주었다. 그런데 다 자란 박 안에서는 도깨비가 나와 형의 집을 부수고 재산을 몽땅 가져갔다.

① 〈금도끼, 은도끼〉　　　　② 〈의좋은 형제〉

③ 〈장화와 홍련〉　　　　　④ 〈혹부리 영감〉

⑤ 〈흥부와 놀부〉

젊은이가 어두운 산길을 걷고 있었습니다.

"어휴, 어두워. 아무것도 안 보이잖아."

젊은이는 캄캄한 밤길을 조심조심 걸었습니다. 꽤 걸어갔을 때였습니다.

"어, 불빛이다!"

멀리 맞은편에서 등불을 들고 걸어오는 사람이 보였습니다. 등불 덕분에 캄캄한 밤길이 한결 밝아졌습니다. 젊은이는 불빛이 있는 곳으로 걸어갔습니다.

그런데 조금 이상했습니다. 그 사람은 환한 등불 아래를 지팡이로 이곳저곳 두드리며 걷는 것이었습니다. 젊은이는 불빛 가까이 다가갔습니다.

'아니, 이 사람은 장님이잖아!'

젊은이는 깜짝 놀랐습니다. 그리고 앞도 보지 못하는 사람이 등불을 들고 오는 까닭이 궁금했습니다. 젊은이는 장님에게 물었습니다.

"당신은 등불이 필요 없을 텐데, 왜 등을 들고 계신가요?"

그러자 장님은 대답했습니다.

"이 등불은 나를 위해 들고 다니는 것이 아닙니다."

"예? 그게 무슨 말입니까?"

"당신처럼 앞을 잘 보는 사람들을 위해 등불을 들고 다니고 있습니다."

젊은이는 도무지 이해가 되지 않았습니다.

"당신이 들고 있는 등불이 왜 우리에게 필요하단 말입니까?"

"누구나 밤에는 어두워서 앞을 제대로 볼 수가 없습니다. 제 앞에서 걸어오는 사람은 제가 장님인 줄 모르기 때문에 걸어오다 저와 부딪혀서 다칠 수 있습니다. 그러나 제가 등불을 들고 걸으면 저를 피해서 가기 때문에 다치지 않을 겁니다.”

“이제야 알겠습니다. 그러니까 이 등불은, 여기 눈이 안 보이는 사람이 걷고 있으니 조심하라고 사람들에게 알려 주는 것이군요?”

“그렇습니다. 그럼, 이제 길을 좀 비켜 주시겠습니까?”

젊은이가 길을 비키자, 장님은 더듬더듬 지팡이를 짚으며 길을 떠났습니다.

“자신을 위한 것이 아니라 남을 위한 등불이라니!”

젊은이는 장님을 보고 감탄했습니다.

(탈무드)

* 장님: ‘시각 장애인’을 이르는 말. 시각 장애인을 낮추는 표현으로 쓰이기도 하지만 여기에서는 낮추는 뜻으로 쓰이지 않았다.
* 탈무드: 유대인의 생활, 법률, 교훈 등을 담은 만든 책.

1 젊은이는 어두운 밤길을 걸어가다 누구를 만났나요? | 내용 파악 |

_____

2 젊은이가 밤길에서 만난 사람은 무엇을 들고 있었나요? | 내용 파악 |

_____

3 등불을 든 사람이 환한 등불 아래서도 지팡이로 이곳저곳 두드리며 걸었던 까닭은 무엇인가요? |내용 파악|

① 산길이 울퉁불퉁해서.

② 등불이 꺼지지 않도록 조심하려고.

③ 다리를 다쳐서.

④ 젊은이에게 등불을 건네주어서.

⑤ 앞을 못 보는 시각 장애인이어서.

4 장님이 등불을 들고 있었던 까닭은 무엇인가요? |내용 파악|

① 자신의 눈이 보이지 않는다는 사실을 감추려고.

② 밤길을 가는 사람들이 자신과 부딪히지 말라고.

③ 다른 사람들에게 밤길을 비추어 주기 위해서.

④ 밤길을 갈 때 앞을 잘 보려고.

⑤ 위험한 상황이 오면 무기로 사용하려고.

5 이 글에 나온 장님은 어떤 사람인가요? |추론|

① 밤길을 무서워하는 겁이 많은 사람.

② 욕심이 많은 사람.

③ 조심성이 없어 밤길을 잘 다니지 못하는 사람.

④ 남을 생각하는 지혜로운 사람.

⑤ 자신의 이익만 생각하는 사람.

6 이 글을 읽고 친구들이 교훈을 얻었습니다. 다음 중 이 글의 교훈과 <u>관계없는</u> 행동을 한 사람의 글을 고르세요. |적용|

① "여러분, 가져온 색종이를 꺼내세요."
종이접기 시간이었어요. 선생님의 말씀에 민수는 가방에서 색종이를 꺼냈어요. 그런데 짝꿍 태정이는 당황하며 가방 속을 계속 뒤적거렸어요. 민수는 당황한 태정이에게 자신의 색종이를 나눠 주었어요.

② 은호는 어머니와 함께 버스를 탔어요. 다행히 두 좌석이 남아 있어 어머니와 함께 자리에 앉을 수 있었어요. 십 분쯤 가니 할머니께서 짐을 들고 버스에 오르셨어요. 은호는 얼른 일어나 할머니의 짐을 들어 드렸어요. 그리고 할머니께 자리를 양보해 드렸어요.

③ "여기에 우유 쏟은 사람 누구니?"
혜미가 교실 뒤쪽에서 소리쳤어요. 무영이가 혜미의 곁으로 가 보니, 바닥이 우유로 흥건했어요. 무영이는 걸레를 가져와 바닥을 닦았어요. 자신이 한 건 아니지만 그대로 두면 친구들이 미끄러져 다칠 수 있기 때문이에요.

④ 오늘은 국어 시간에 받아쓰기를 했어요. 동주는 가슴이 콩닥콩닥 뛰었어요. 그래도 어제 열심히 공부한 덕분에 백 점을 받았어요.
"동주야, 잘했어. 글씨도 아주 잘 썼구나!"
선생님의 칭찬을 듣고 동주는 무척 기분이 좋았어요.

⑤ 교문을 나설 때였어요. 갑자기 빗방울이 떨어지기 시작했어요. 은이는 얼른 우산을 펼쳤어요. 그런데 저 앞에서 성준이가 비를 맞으며 걸어가고 있었어요. 은이는 성준이에게 달려가 우산을 씌워 주었어요. 그리고 성준이를 집까지 바래다주었어요.

"내일 아침까지 안녕."

닭들은 서로 저녁 인사를 나누고는 닭장 안에서 잠이 들었습니다. 그런데 암탉 한 마리는 잠이 오지 않는지 부리로 자신의 깃털을 콕콕 쪼아댔습니다. 그러다가 깃털 하나가 땅으로 '툭' 하고 떨어졌습니다.

"어머나, 깃털이 빠졌네! 하지만 깃털 하나 빠졌다고 슬퍼할 것은 없어. 그만큼 몸이 가벼워졌다는 증거니까 말이야."

암탉은 대수롭지 않다는 듯이 말했습니다. 닭장 옆의 나뭇가지에 앉아서 암탉의 행동을 지켜본 올빼미는 비둘기에게 날아갔습니다.

"내 말 좀 들어 봐요. 글쎄, 암탉이 예뻐지고 싶어서 깃털을 뽑았대요."

그 말을 들은 비둘기는 입이 근질근질하여 가만히 있을 수 없었습니다. 그래서 이웃집에 사는 오리에게 가서 말을 퍼뜨렸습니다.

"오리야, 암탉이 예뻐지고 싶어서 자기 깃털을 모두 뽑아 버렸대."

"어머, 어떻게 그런 일이……. 깃털을 모두 뽑아 버리면 감기가 들 텐데 말이에요."

오리는 같은 집에 살고 있는 제비에게 말을 옮겼습니다.

"정말 놀랄 일이군요. 이런 사건을 듣고도 가만있을 수는 없지요. 모두에게 알려야겠어요."

제비는 달 밝은 하늘을 날아가 참새에게 말을 전했습니다.

이튿날, 아침 일찍부터 참새가 닭장 앞에 앉았습니다.

"정말 놀랄 사건이 있어요. 글쎄, 암탉 한 마리가 예뻐지고 싶어서 자기 깃털을 모두 뽑았다지 뭐예요. 하지만 깃털을 뽑는다고 예뻐지겠어요? 게

* 쏜살같이: 쏜 화살과 같이 매우 빠르게.

다가 너무 추워서 다른 암탉들의 깃털까지 몽땅 뽑아 버렸대요. 그 ㉠바람에 다섯 마리나 죽었다지 뭐예요!"

그러자 암탉 한 마리가 말을 받았습니다.

"어머나, 어떻게 그런 일이……. 깃털을 그렇게 함부로 뽑아 버리다니, 정말 놀라운 일이군요."

전날 밤, 자신의 깃털을 뽑은 바로 그 암탉이었습니다.

깃털 하나를 뽑아낸 작은 일이, 올빼미와 비둘기, 오리와 제비 그리고 참새를 거치는 동안 ㉡큰 사건으로 변해 버린 것입니다.

"어디에 사는 암탉이 그랬다고 하던가요? 한번 보고 싶네."

"여기에 살고 있다던데요?"

"여기는 아니에요. 도대체 어떻게 생겨 먹은 암탉이 그런 일을 저질렀을까요?"

그때 바람이 휙 불어왔습니다. 바람은 지난밤 암탉이 떨어뜨린 깃털 하나를 싣고 어디론가 사라졌습니다.

(안데르센)

1 빈칸을 채워 이 글의 제목을 지어 보세요. | 제목 |

한 가닥

2 밑줄 친 ㉠의 바람과 같은 뜻으로 쓰인 것을 고르세요. | 어휘 |

① 시원한 바람이 분다.　　　② 축구공에 바람을 넣었다.

③ 급히 먹는 바람에 체했다.　　④ 바람에 창문이 덜컹거렸다.

⑤ 동생은 잠옷 바람으로 동네를 돌아다녔다.

3 다른 동물들이 암탉의 이야기를 전달한 과정입니다. 순서에 맞게 빈칸에 알맞은 동물 이름을 쓰세요. | 내용 파악 |

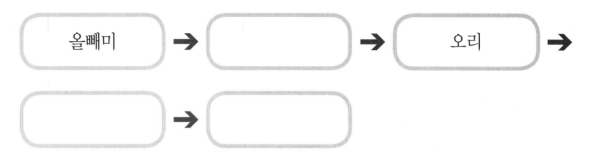

올빼미 → [ ] → 오리 →

[ ] → [ ]

4 ⓛ은 어떤 사건을 말하나요? | 내용 파악 |

① 암탉이 날씬해진 일.

② 올빼미가 비둘기에게 수다를 떤 일.

③ 암탉이 감기에 든 일.

④ 닭이 다른 암탉들의 깃털을 뽑아 다섯 마리가 죽은 일.

⑤ 제비가 모두에게 암탉 이야기를 전한 일.

5 다음 중 이 글의 내용과 어울리지 <u>않는</u> 느낌을 말한 사람을 고르세요. | 감상 |

① 서진: 여러 사람의 입을 거치다 보면 말이 달라질 수 있어. 그러니까 항상 말을 조심해서 해야 해.

② 예지: 남에게 들은 말을 부풀려 옮겨서는 안 돼.

③ 민수: 내 말이 다른 사람에게 어떤 영향을 끼칠지 잘 생각하고 말해야 해.

④ 나은: 남에게 일어난 일을 마음대로 생각해서 퍼뜨리지 말아야 해.

⑤ 효준: '말 한마디에 천 냥 빚도 갚는다'라는 속담처럼 말을 잘하면 어려움에서 벗어날 수도 있어.

완전개정판

초등국어
1단계

독해력은 모든 학습의 기초!

독해력 비타민

정답과 해설

시서
(주)례

1회 동물과 식물   10~11쪽

1. ③   2. (1) 번식, (2) 양분
3. 먹이, 씨
4. 동물 – 까치, 오징어, 멸치
    식물 – 소나무, 시금치, 장미

2회 텃새와 철새   12~13쪽

1. ①   2. ③   3. ③
4.

2. '올해'와 '금년'은 뜻이 같은 낱말이다.
    후년: 올해의 다음다음 해.

3. ① 제비는 여름 철새다. 봄이 되면 제비가 우리나라에 온다.
② 꾀꼬리도 여름 철새다. 따라서 겨울에는 꾀꼬리의 울음소리를 들을 수 없다.
③ 기러기는 겨울 철새다. 여름밤에는 볼 수 없다.
④ 개똥지빠귀도 겨울 철새다. 한겨울에도 볼 수 있다.
⑤ 까마귀는 텃새이므로 사계절 내내 만날 수 있다.

3회 일기의 제목   14~15쪽

1. ⑤
2. 제목, 사건, 이름, 느낌
3. (1) 나, (2) 다, (3) 가

3. (1) 이 일기에서 가장 중요한 것은 강아지 아롱이다. 가장 중요한 것의 이름을 쓰는 것은 두 번째 방법(나)이다.

(2) 이 일기에서 '나'는 잃어버렸던 강아지를 찾아 기뻐하고 있다. 생각이나 느낌을 쓰는 것은 세 번째 방법(다)이다.

(3) 이 일기의 가장 중요한 사건은 강아지 아롱이가 집을 나간 일이다. 중요한 사건을 간단히 줄여 쓴 것은 첫 번째 방법(가)이다.

4회 어린이 대공원   16~17쪽

1. ④   2. ②   3. ④   4. ①

4. ② 동물원은 오후 5시까지 관람할 수 있다.
③ 강아지는 공원에 데리고 들어갈 수 없다.
④ 어린이 대공원역은 7호선이다.
⑤ 공원에서는 음식을 만들어 먹을 수 없다.

5회 나는 물이에요

1. ③　　2. ②
3. 수증기　　4. 수증기, 눈, 비

2. ①은 바다에 사는 식물이다. 주로 말려서 구워 먹는다.
③과 ⑤는 '어떤 일의 기회나 계기'의 뜻으로 쓰이는 낱말이다.
④는 논밭에 난 잡풀을 뜻한다.

7회 도서실 이용 안내

1. ②　　2. ③　　3. ⑤　　4. ④

2. 도서실에서 지켜야 할 규칙은 [다]에 담겨야 한다.

4. ① 도서실 이용 시간은 오전 10시부터 오후 5시까지니 4시에 가는 것은 가능하다.
② 점심시간에도 도서실을 이용할 수 있다.
③ 대여 기간은 일주일이다. 따라서 하루 뒤에 반납하는 것도 가능하다.
④ 책을 빌릴 때에는 도서 대여 관리장에 이름, 날짜, 책 번호, 책 이름을 써야 한다.
⑤ 책을 읽은 뒤에는 제자리에 꽂아 둔다.

6회 본명과 별명

1. ②
2. 가족, 친구, 이름, 겉모습
3. 겉모습, 이름, 행동의 특징

3. '꼬맹이'는 키가 작은 사람을 놀리는 뜻을 담고 있다. '황초롱'과 '초롱불'은 '초롱'이라는 부분에 공통점이 있다. '뿡뿡이'는 방귀(행동)를 자주 뀌는 친구의 특징으로 지은 별명이다.

4. 자신의 이름과 그 뜻을 적는다. 뜻을 모르면 부모님께 여쭈어본다.

8회 엿

1. ②　　2. ③
3. (1) 엿치기, (2) 간식　　4. ⑤

1. ① 엿은 옛날에도 먹었지만 지금도 간식으로 즐기고 있다.
③ 과자를 만드는 방법은 이 글에 나와 있지 않다.
④ 우리나라 고유 음식 중 엿 하나만을 소개하는 글이다.
⑤ 이 글에는 엿으로 하는 놀이뿐 아니라 엿을 만드는 방법, 엿과 관련한 풍습과 문화 등이 실렸다.

4. 이 글에는 시험에 붙으라는 뜻으로 엿을 선물한다는 내용이 담겼다.
①과 ②는 잘 찍으라는 뜻으로 선물한다.
③은 문제를 잘 풀라는 뜻으로, ④는 잘 보라는 뜻으로 준다.
⑤는 엿처럼, 시험에 잘 붙으라는 의미로 선물한다.

9회 송편 26~27쪽

1. 가을
2.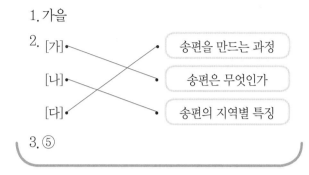
   [가]• — • 송편은 무엇인가
   [나]• — • 송편의 지역별 특징
   [다]• — • 송편을 만드는 과정
3. ⑤

1. 송편은 다른 때에도 먹지만, 추석 때 많이 만들어 먹는다. 따라서 추석이 있는 가을에 주로 먹는다.

2. [가]에서는 송편의 기본 의미를 다루었다. [나]에는 남북을 나누고, 다시 강원도, 제주도, 평안도로 나누어 송편의 모양을 비교하였다. [다]에는 송편을 만드는 재료와 과정이 담겨 있다.

3. ⑤ 제주도에서는 송편을 둥글납작하게 만든다. 조개 모양으로 만드는 것은 평안도의 특징이다.

10회 종호의 생일 28~29쪽

1. ③   2. 4명
3. 3, 4, 5, 6, 18   4. ④
5. ① ○, ② ○, ③ ×, ④ ×
6. ②

4. 종호의 친구들은 과일을 모두 18개 가져왔다. 그 가운데 사과 하나와 귤 두 개를 남겼다. 즉 18개에서 3개를 남겨 총 15개를 먹었다.

5. ③ 종호와 친구들은 사과 하나와 귤 두 개를 남겼다.
   ④ 종호와 친구들은 과일을 다 먹고는 종호 방을 구경하고 놀이터에서 술래잡기와 숨바꼭질을 했다.

11회 일기 쓰기 30~32쪽

1. ⑤

1. ① 하루 동안 있었던 일을 모두 썼다. 생각이나 느낌도 적지 않았다.
   ② 있었던 일 두 가지를 썼다. 생각이나 느낌도 적지 않았다.
   ③, ④ 생각이나 느낌을 적었지만 있었던 일을 두 가지 썼다.
   ⑤ 기억에 남는 일 하나에, 생각과 느낌까지 자세히 썼다.

12회 돌을 이용하는 전통 놀이 33~35쪽

1. (1) 비사치기, (2) 공기놀이
2. 돌
3. (1) 도둑발, (2) 토끼뜀, (3) 오줌싸개
4. ④
5.

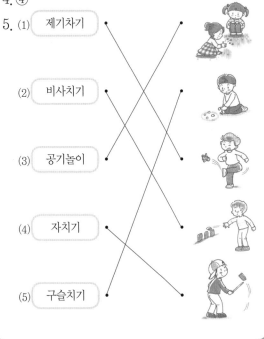

(1) 제기차기
(2) 비사치기
(3) 공기놀이
(4) 자치기
(5) 구슬치기

3. ① 돌을 발 위에 두고 걸어가고 있다.
   ② 두 발목 사이에 돌을 끼운 채 뛰어가고 있다.
   ③ 두 무릎 사이에 돌을 끼우고 걸어가고 있다.

4. 공기는 주로 공깃돌 다섯 개로 하는 놀이다. 바닥에 있는 공깃돌을 위로 던져 바닥에 놓인 것과 함께 손안에 쥐어야 한다. 따라서 손으로 다섯 알을 다 쥐려면 도토리만 한 크기가 적당하다.

* 도토리: 떡갈나무, 참나무 등의 열매. 갈색의 둥근 모양이고, 길이가 2cm 정도다.

13회 운동화 빨기 36~38쪽

1. ④   2. ③   3. ⑤   4. 깔창
5. (1) 운동화의 모양이 망가지지 않도록 한다.
   (2) 더 빨리 말릴 수 있다.
6. (1) 물, (2) 빨랫솔, (3) 비눗물, (4) 끈, (5) 햇볕

1. ④ 빨래판: 빨래할 때 쓰는 판. 넓적한 나무 판을 울퉁불퉁하게 파서 만든다.

3. ①, ②, ③, ④는 '어떤 순간, 시간'을 나타내는 말이고, ⑤는 '옷이나 몸에 묻은 더러운 것'을 말한다.

5. '(3) 운동화 말리기' 부분을 참고한다.

14회 개구리의 한살이 39~41쪽

1. 개구리
2. 올챙이, 뒷다리, 앞다리, 개구리
3. 수컷, 암컷   4. ④
5.

4. ④ 올챙이는 뒷다리가 먼저 나오고, 거기서 열흘이 지나면 앞다리가 나온다.

5. 그림에 표시한 부분이 아니더라도 개구리의 귀(고막) 뒤쪽과 턱 아래에 표시를 하면 정답으로 한다.

* 고막: 공기의 진동을 안으로 전달하여 소리를 들을 수 있게 하는 막.

15회 충치 예방법 42~44쪽

1. ① → ④ → ② → ③
2. ① ×, ② ○, ③ ×, ④ ○, ⑤ ○
3. 3번, 3분, 3분
4. 충치, 단맛, 탄산, 자연, 습관
5. ④

2. ① 벌레가 파먹은 것처럼 된 이를 충치라고 한다.
③ 잇몸부터 이 전체를 닦는다.

5. ③ 전동 칫솔: 전기의 힘으로 칫솔모를 회전시키거나 떨게 하여 이를 닦는 칫솔.
④ '齒 이 (치)', '間 사이 (간)'을 쓰는 치간 칫솔은 말 그대로 이 사이를 닦기 위해 만들었다.

16회 특산물 45~47쪽

1. ④   2. ②
3.

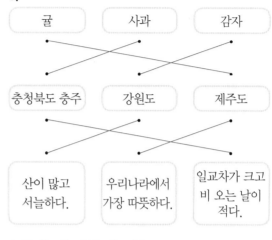

4. ① 흙, ② 나무, ③ 서울
5. ④

4. ㉠에서, 좋은 도자기를 만드는 까닭으로, 좋은 흙, 많은 나무, 서울과 가까움을 들고 있다.
① 훌륭한 도자기를 빚기 위해서는 좋은 흙이 필요하다.
② 이렇게 빚은 도자기를 잘 구워내려면, 가마에 넣을 나무가 많아야 한다.
③ 하지만 좋은 흙으로 잘 만들어도 팔 곳이 없으면 도자기를 만드는 사람들이 머무르지 않는다. 서울 같은 대도시가 주변에 있어야 잘 팔 수 있었다.

5. 강화도, 충청도 외에도 전국에서 인삼을 재배하고 있으며, 경상북도 영주에서 나는 풍기인삼도 세계적으로 유명하다.

17회 귀뚜라미 관찰 48~50쪽

1. 귀뚜라미   2. 곤충

3. ③   4. ⑤   5. ②

6. 더듬이, 날개, 밤, 풀

3. 주행성: 낮에 활동하는 성질.

야행성: 낮에는 쉬고, 밤에 활동하는 성질.

초식성: 식물성 먹이를 먹는 동물의 성질.

육식성: 동물성 먹이를 먹는 동물의 성질.

잡식성: 동물성 먹이와 식물성 먹이를 가리지 않고 다 먹는 동물의 성질.

18회 삼일절 51~53쪽

1. ⑤

2. (1) 겨레, (2) 열망

3. 1919년 3월 1일

4. 대한 독립 만세

5. ⑤   6. ①

5. ① 삼일절은 3·1운동을 기억하기 위한 날이다.

② 나라를 대표하는 사람 33명이 독립 선언서를 썼으며, 많은 사람이 탑골공원에서 모여 대한 독립 만세를 외쳤다.

③ 조선 시대: 1392~1897년.

④ 만세 운동은 3월부터 5월까지 이어졌다.

6. 국기를 다는 방법은 두 가지다.

① 경축일(좋은 일을 기뻐하고 즐거워하는 날)이나 평일에 다는 방법이다.

② 슬픔을 나타내기 위해 깃발을 다는 방법(조기)이다. 현충일이나 나라에 슬픈 일이 생기면 이렇게 단다.

19회 설날과 추석

1. 설날과 추석
2. (1) 산소, (2) 차례, (3) 햅쌀
   (4) 성묘, (5) 햇과일
3. 중추절, 한가위
4. ⑤   5. ⑤
6. 떡국, 송편, 음력
7. ③   8. 대보름

---

4. ⑤ 달맞이는 주로 대보름날(음력 1월 15일)이나 추석에 한다. 그날 저녁에 산이나 들에 나가 달을 보고 소원을 빌며, 1년 농사가 잘될지 점을 치기도 한다.

7. ① 널뛰기: 긴 널빤지의 중간을 괴어 놓고 양쪽 끝에 한 사람씩 올라서서 번갈아 뛰어오르는 놀이. 우리나라 고유의 놀이로, 주로 음력 정월(1월)이나 단오(음력 5월 5일), 추석에 여자들이 한다.
② 윷놀이: 편을 갈라 윷으로 승부를 겨루는 놀이. 두 편 이상이 윷을 던져 도·개·걸·윷·모에 따라 말을 움직여 모든 말이 먼저 돌아오는 편이 이긴다.
③ 쥐불놀이: 대보름의 전날에 논둑이나 밭둑에 불을 붙이고 돌아다니며 노는 놀이. 특히, 밤에 아이들이 길게 줄을 단 깡통에 나무를 넣고 불을 붙여 빙빙 돌리며 노는 것을 이른다.
④ 강강술래: 대보름날이나 추석에 하는 민속놀이. 여러 사람이 함께 손을 잡고 원을 그리며 빙빙 돌면서 춤을 추고 노래를 부른다.

20회 곶감

1. ④   2. 건조합니다   3. 진
4. ④   5. 껍질, 새끼줄
6. 진이 찐득찐득하고 미끄러워 감을 놓치기 쉽기 때문입니다.
7. ①   8. ②

---

4. ① 덜 익어 떫은맛이 나는 감으로 곶감을 만든다.
② 곶감은 바람이 잘 통하는 곳에서 말려야 한다.
③ 껍질을 벗기고 열흘쯤 지나면 하얀 가루가 생기고, 거기서 열흘쯤 더 말리면 곶감이 완성된다. 즉 곶감이 완성되려면 20일 정도 걸린다.
⑤ 곶감은, 감을 새끼줄이나 실에 엮어 말린다. 지역에 따라 얇은 대나무 막대에 꿰어 말리기도 한다.

8. ① 밀감: 귤나무의 열매. 감귤, 귤이라고도 부른다.
② 연감: 물렁하게 잘 익은 감.
③ 단감: 단감나무의 열매. 단단하고 맛이 달다.
④ 영감: 나이가 많은 남자를 대접하여 부르는 말.
⑤ 풋감: 퍼렇고 아직 덜 익은 감.

21회   우리나라를 나타내는 것들   62~65쪽

1. ⑤   2. (1) 부지런함, (2) 끈기
3. ① ○, ② ×, ③ ×, ④ ○
4. (1) 평화, (2) 밝음, (3) 어둠
5.

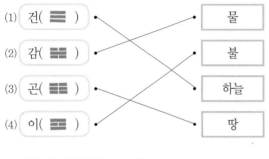

(1) 건(☰) — 하늘
(2) 감(☵) — 물
(3) 곤(☷) — 땅
(4) 이(☲) — 불

6. 애국가, 무궁화   7. ⑤

1. 이 글에는 우리나라를 나타내는 국기, 노래, 꽃 등이 실려 있다.

2. (1) 매일 이른 시간에 피는 점은 우리 겨레의 '부지런함'과 관련 있다.
(2) 꽃잎이 지고 계속하여 다시 피는 것은 우리 겨레의 '끈기'와 비슷하다.

3. ① 우리나라는 대한민국, 대한, 한국 등으로 불린다.
② 태극은 빨간색, 파란색으로 이루어져 있다.
③ 애국가는 4절까지 있다.

5. 태극기의 괘는 자연의 양과 음을 상징한다. '건'과 '곤'은 각각 '하늘'과 '땅'의 뜻을 지닌다. 하늘은 '양', 땅은 '음'이다. 마찬가지로 '불'의 뜻을 지닌 '이'는 양, '물'의 뜻을 담은 '감'은 음을 나타낸다. 이렇게 세상의 모든 것이 서로 조화를 이루고 있다는 것이 태극기의 의미다.

7. 글 [가]에는 친구의 이름, 겉모습, 성격, 별명이 적혀 있다. 주어진 소개글에는, 친구의 이름, 겉모습, 별명, 성격, 사는 곳이 순서대로 실려 있다.

22회   자세를 바르게 하자   66~67쪽

1. ④   2. 자세   3. ⑤   4. ④

3. ⑤ 걸을 때에는 허리를 곧게 세우고 앞을 보며 걷는다.

4. 의자에 앉을 때에는, 엉덩이를 의자 깊숙이 넣고, 허리와 등을 의자 등받이에 붙이며, 다리는 가지런히 모아 발을 땅에 붙인다.

23회   나쁜 습관을 버리자   68~69쪽

1. ④   2. ④   3. ④
4. 편식   5. ③

3. ① 소 잃고 외양간 고친다: 일이 이미 잘못된 뒤에는 손을 써도 소용이 없음을 비꼬는 말.
② 낫 놓고 기역 자도 모른다: 사람이 글자를 모르거나 아주 무식함을 비유적으로 이르는 말.
③ 가는 말이 고와야 오는 말이 곱다: 자기가 말이나 행동을 좋게 해야 남도 자기에게 좋게 한다는 말.
⑤ 낮말은 새가 듣고 밤말은 쥐가 듣는다: 아무도 안 듣는 데에서라도 말조심해야 한다는 말.

24회 음식을 골고루 먹자   70~71쪽

1. ④   2. ④   3. ⑤   4. ②

5. 골고루, 이, 살, 골고루

2. ④ 듬뿍: 넘칠 정도로 매우 가득하거나 수북한 모양.

4. ㉠은 앞 문장에 있는 음식을 가리킨다. 초콜릿, 탄산음료와 같은 단 음식이나, 피자, 닭고기튀김, 햄버거 같은 기름진 음식을 말한다.

25회 친구와 사이좋게 지내자   72~73쪽

1. ②   2. ④

3. 사이좋게, 약속, 가려서   4. ⑤

2. 금이 가다: 서로의 사이가 벌어지거나 틀어지다.

4. ⑤ 상대방의 잘못과는 상관없이 자신의 잘못을 사과해야 한다.

26회 학급 문고를 만들어 주세요   74~75쪽

1. ⑤   2. ④   3. ③

주장	학급 문고를 만들어 주세요.
까닭	[나]-책을 자주 읽을 수 있다. [다]-더 재미있게 읽을 수 있다. [라]-책을 다시 활용할 수 있다.

3. 나와 혜승이가 느낀 점을 이야기했다. 이 내용은 [다]와 관련 있다.

27회 물놀이를 안전하게 하자   76~77쪽

1. ④   2. ④   3. ②   4. ⑤

2. ④ 심장에서 먼 곳부터 물을 묻혀 심장에 무리가 가지 않게 한다. 즉, 다리, 팔, 얼굴, 가슴 순서로 물을 묻힌다.

3. ③ 골절: 뼈가 부러짐.
⑤ 소름: 춥거나 무섭거나 징그러울 때 살갗이 오그라들며 겉에 좁쌀처럼 도톨도톨 돋는 것.

4. [마]와 어울리는 글이다. 차가운 물에서 너무 오래 놀면 체온이 내려가 위험하다.

28회 정리를 잘하자   78~79쪽

1. ④   2. ⑤   3. ②

4. ③   5. ②

1. 이 글은 '정리를 잘하자'라는 주제로 쓰였다.

2. 생각을 나타내는 글은 보통 '서론, 본론, 결론'으로 구성되어 있다. 서론은 글의 앞부분으로, 본론으로 들어가기에 앞서 독자의 관심을 끄는 부분이다. 본론에는 작가가 하려고 하는 말이 자세히 적혀 있다. 결론에서는 본론의 이야기를 정리하며 중요한 내용을 강조한다. 따라서 주제는 보통 글의 결론 부분에 나타나는 경우가 많다.
이 글의 서론에는 정리의 뜻과 장점이, 본론에는 정리하는 방법이, 결론에는 주제가 담겨 있다.

29회 인사를 잘하자 80~82쪽

1. ③ 2. ② 3. ④ 4. ③
5. ④ 6. (1) 목례, (2) 경례, (3) 악수

2. ② 웃어른뿐 아니라 이웃이나 친구들에게도 인사를 잘하자는 내용의 글이다.

4. ③ 인사는 하는 사람, 받는 사람 모두를 기분 좋게 한다.

5. 사람이 많은 곳에서는 무리하여 인사하지 않는다. 서로 알아볼 수 있을 거리가 되면 가볍게 인사한다.

30회 몸을 깨끗이 하자 83~85쪽

1. ⑤ 2. 세균
3. ②, ④, ⑤ 4. ③
5. ④ 6. ③
7. 손발, 목욕, 예방

3. ① 부모님께 칭찬을 받는다거나 ③ 음식을 맛있게 먹을 수 있다는 내용은 이 글에 없다.

6. ③ 음식을 먹은 뒤에 이를 깨끗이 닦는 것이 중요하다. 하지만 생각날 때마다 닦을 필요는 없다.

31회 세종 대왕 86~90쪽

1. ② 2. ④ 3. 백성을 가르치는 바른 소리
4. ④ 5. 훈민정음
6. ① 7. ⑤ 8. ②

9.
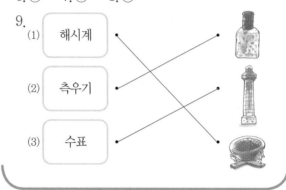

(1) 해시계
(2) 측우기
(3) 수표

7. ② 조선 시대 전에도 이두(한자의 음과 뜻을 빌려 우리말을 적은 표기법)나 향찰(한자의 음과 뜻을 빌려 문장 전체를 적은 표기법) 같은 표기법이 있었다. 하지만 이 두 방법은, 한자를 이용한 표기법일 뿐, 우리글이 아니었다.
⑤ 백성들이 한자를 몰라, 나라에서 붙여 놓은 글을 읽지 못해 벌을 받기도 했다. 하지만 한자를 모른다고 벌을 받은 것은 아니다.

8. 이 문제의 지문과 글 [나]에는, 세종이 백성을 사랑하는 마음이 공통으로 담겨 있다.

32회 이순신 91~95쪽

1. ②
2. ① 무과, ② 벼슬, ③ 누명, ④ 수군,
   ⑤ 녹, ⑥ 정돈, ⑦ 모함
3. ③　　4. 거북선　　5. ③
6. ① 함경도, ② 전라도, ③ 경상도

1. ① 이순신은 조선 시대의 장군이다.
   ③ 상대보다 훨씬 적은, 12척으로 일본군과 싸웠다.
   ④ 이순신은 적의 총을 맞고 죽었다.
   ⑤ 이순신은 전쟁이 끝나기 직전에 죽었다.

33회 병아리와 개나리 96~97쪽

1. 병아리와 개나리　　2. 꽃밭
3. ④　　4. ①　　5. ③　　6. ①

3. ④ 이 시의 3연에서, 병아리는 소리 내며 인사하는
데 개나리는 웃기만 하고 있다. 이 부분에서, 개나
리 앞에서 소리 내어 우는 병아리의 모습을 떠올릴
수 있다.

* 말하는 이: 시에서 이야기를 전달해 주는 사람이다. 말
하는 이는 시인 자신일 수도 있지만, 시의 내용을 더 잘
전달할 수 있도록 시인이 만들어 낸 사람일 수도 있다.

4. ① 개나리가 피는 계절은 봄이다.

5. ①, ④는 소리나 모양을 흉내 내는 말이 아니다.
   ②, ⑤는 모양을 흉내 내는 말이다.
   ④ 암말: '아무 말'이 줄어든 말.

34회 산 할아버지의 모자 98~99쪽

1. 모자　　2. ③
3.

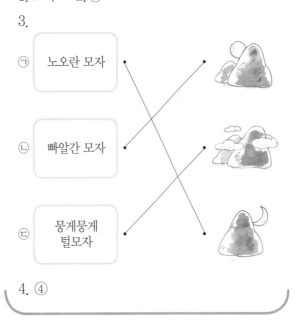

4. ④

3. 노란 모자는 달, 빨간 모자는 해, 털모자는 구름을
뜻한다.

4. ④ 시를 재미있게 하기 위해 산이 사람처럼 모자를
쓴다는 표현(의인법)을 사용하였다.

35회 아기 구름   100~101쪽

1. ②   2. ②   3. ⑤
4. 엄마, 바람

2. ② 이 시는 큰 구름, 작은 구름, 바람, 해 등을 사람처럼 나타내었다. 큰 구름은 '엄마 구름'으로, 작은 구름은 '아기 구름'으로, 바람은 '아저씨'로, 해는 '아줌마'로 표현했다.

3. ⑤ 5연의 '해님 아줌마도 방긋 웃는다'라는 부분이 '구름을 비추는 해'를 비유적으로 나타내었다.
② 엄마 구름은 큰 구름을 뜻한다. 하지만 이 시에서는 큰 구름이 먹구름인지 알 수 없고, 엄마 구름이 떠다니는 모습도 나타나지 않았다.

36회 공사장   102~103쪽

1. ④   2. ③   3. ①
4. ⑤   5. ①

1. ④ '뚝딱뚝딱 망치 소리 / 부릉부릉 트럭 소리' 등으로, 공사장에서 일어난 일임을 짐작할 수 있다.

2. ③ '말하는 이'는 공사장에서 망치질을 하는 일꾼, 짐을 나르는 트럭 등을 보고, 그 상황을 재미있게 이야기하고 있다.

4. ① 참새들이 수군거려요, ② 뚝딱뚝딱 망치 소리, ③ 부릉부릉 트럭 소리, ④ 이마엔 땀방울 가득. 이 부분을 통해 장면을 그려 볼 수 있다. 하지만 ⑤는 '시끄럽다 소리치면 큰일이 나요'라고 주의를 줄 뿐, 직접 나타나 있지는 않았다.

5. ① 공사장에서 땀 흘리며 일하는 일꾼, 부지런히 움직이는 트럭들이 활기찬 분위기를 보여 주고 있다.

37회 단풍잎   104~105쪽

1. 단풍잎   2. ①   3. ③
4. ④   5. 손바닥, 손, 단풍잎, 화장

1. 단풍잎을 아기 손에 비유하였다.

3. ③ 초록색이던 잎이 붉게 물든 것을, 어여쁘게 화장했다고 비유하여 나타내었다.

4. ①, ②, ③, ⑤는 여러 방법으로 단풍잎을 재미있게 표현했다. ④는 단순한 서술이다.

38회 어리석은 소 세 마리   106~107쪽

1. ⑤   2. ②   3. ⑤   4. ②

1. ⑤ 사자의 이간질에 속아 친구들을 의심한 소들의 어리석음을 나타낸 작품이다.

* 이간질: 두 사람이나 나라 따위의 중간에서 서로를 멀어지게 하는 일.

4. ② 이 글의 주제다.

39회 여우와 염소 108~111쪽

1. 여우, 염소
2. ④   3. ⑤
4. ① ×, ② ×, ③ ○, ④ ○, ⑤ ×
5. 염소: ①, ④, ⑤, 여우: ②, ③
6. ① → ⑤ → ④ → ③ → ②
7. ⑤   8. ④

4. ① 여우는 발을 잘못 디뎌 우물에 빠졌다.
② 우물이 깊지는 않았지만 여우 혼자 빠져나올 수는 없을 정도였다.
⑤ 여우는 염소를 끌어 올리지 않고 혼자 갔다.

8. ④ 여우는 고개를 돌려 염소를 쳐다보지도 않은 채 말을 하고 있다.

41회 사슴의 뿔과 다리 115~117쪽

1. 사슴   2. ②   3. 굵고 화려하단
4. ④   5. ①
6. ③ → ⑤ → ① → ② → ④   7. ⑤

2. 사슴의 마음에 들었던 뿔과 마음에 들지 않았던 다리가, 사슴에게 어떤 운명을 주는지가 중심 내용이다.

5. 사자에게 잡혔을 때, 사슴은 공포와 좌절감이 들었을 것이다. 하지만 ㉡에는 아름다운 뿔을 자랑스러워하고, 가느다란 다리를 마음에 들지 않게 생각했던 지난날에 대한 후회가 담겨 있다.

7. ⑤ 이 글의 주제다.

40회 사위 찾는 쥐 112~114쪽

1. 사위   2. ⑤
3. 해님, 구름, 바람, 돌부처
4. ③   5. 쥐   6. ④   7. 쥐

4. ③ 무릎을 치다: 몹시 놀랍거나 기쁜 일이 있거나 좋은 생각이 떠올라 감탄하다.

6. ④ 이 글의 주제다.

7. ① 고양이 앞에 쥐: 무서운 사람 앞에서는 꼼짝 못한다는 말.
② 쥐구멍에도 볕 들 날 있다: 몹시 고생을 하는 사람에게도 좋은 일이 일어날 날이 있다는 말.
③ 낮말은 새가 듣고 밤말은 쥐가 듣는다: 아무도 듣지 않는 곳에서도 말을 조심해야 한다는 말.

42회 부잣집 아들의 후회 118~120쪽

1. 아들   2. ③   3. ⑤
4. ③ → ① → ⑤ → ② → ④   5. ④

5. ④ 이 글은 ②와 같은 주제와 함께, 돈 같은 목적을 두고 친구를 만나지 말라는 교훈을 담고 있다.

43회 약속을 어긴 농부　121~123쪽

1. ②　2. ④　3. ①　4. ⑤
5. ②, ④　6. ②

4. ⑤ 농부는 병을 낫게 해 주면 소 백 마리를 바치겠
다고 약속했다. 하지만 그 약속을 지킬 수 없어 밀
가루로 소를 만들어 바쳤다. 이렇게 약속을 어긴 벌
로, 농부는 해적들에게 잡혀 노예로 팔리게 되었다.

6. ② 약속을 지키지 않은 농부를 보면서, 산신령은
괘씸하여 기가 막혔다. 그래서 농부를 해적들에게
잡히게 했다.

44회 짧아진 바지　124~126쪽

1. 바지　2. ④　3. ⑤
4. 재산을 물려받기 위해.
5. 효심　6. ①　7. ②

3. ⑤ 선비네 딸들은 서로 선비의 바지를 줄인 것을
몰라, 세 명 모두 줄이다 보니 바지가 짧아졌다.

7. ② 효도를 실천하는 방법은 여러 가지가 있겠으나,
이 글에서는 부모님의 말씀을 행동으로 옮기는 것
을 말하고 있다.

45회 피리 부는 사나이　127~129쪽

1. 피리
2. 쥐들은 사람들의 음식을 먹어 치울 뿐 아니라
사람을 공격하기까지 했습니다.
3. ④　4. ③　5. ④　6. ②

3. ④ 쥐는 사나이의 피리 소리를 듣고 강물에 빠져
죽었다.

5. ④ [나]에서, 사나이는 약속을 지키지 않은 시장에
게 복수하기 위해 피리를 불어 도시의 아이들을 데
려갔다.

6. ② 시장은 마을의 쥐를 없애면 사나이에게 금화 천
냥을 주기로 했다. 사나이는 피리를 불어 마을에서
쥐를 없앴다. 따라서 사나이가 돈을 달라고 한 행
동은 정당하다.

46회 물독 속의 도둑　130~133쪽

1. 물독　2. ③　3. ④　4. ③
5. ①　6. ⑤　7. ②

6. ⑤ 밖에서 쥐, 고양이, 개, 닭, 송아지, 코끼리 소
리가 연달아 들리는 데도 의심을 하지 않았다는
점에서 어리석다고 볼 수 있다. 또 할머니가 도둑
이 든 것 같다고, 나가 보라고 하는데도 나가지 않
으려 하다가 마지못해 나가는 모습에서 게으름도
엿볼 수 있다.

47회 멋을 부린 까마귀 134~137쪽

1. ②　2. ③　3. ②

4. ⑤　5. ③

6. 아무리 잘 꾸며도 거짓은 밝혀지기 마련이다.

7.

(1) 까마귀 날자 배 떨어진다		깜빡깜빡 잘 잊어버리는 사람을 놀리는 말.
(2) 까마귀 고기를 먹었나		어떤 일이 동시에 일어나서 억울한 의심을 받을 때 쓰는 말.

(1)–어떤 일이 동시에 일어나서 억울한 의심을 받을 때 쓰는 말., (2)–깜빡깜빡 잘 잊어버리는 사람을 놀리는 말.

8. 왕, 깃털, 왕

---

5. ㉠에는 슬픔이나 실망, ㉡에는 기쁨, 행복, 희망, ㉢에는 창피함, 부끄러움 등이 드러나 있다.

2. 아버지는 매일 싸우기만 하는 아들들을 보면서 안타깝고, 화나고, 걱정스럽고, 속상한, 부정적 감정을 느꼈다.

3. ④ 신발은 '켤레'라는 단위로 센다.

4. 서로 싸워 단합이 되지 않는 형제를 나뭇가지 하나하나로, 서로 돕는 형제를 나뭇가지 한 단으로 빗대어 나타내었다.

6. '형제'의 다른 뜻으로, '자매'나 '남매'까지 아우르는 뜻이 있다. 하지만 여기서는 '형과 아우를 아울러 이르는 말'로 쓰였다.

48회 싸움만 하던 삼 형제 138~141쪽

1. ②　2. ④　3. ④

4.

(1) 서로 묶여 꺾이지 않는 나뭇가지.		서로 싸우는 삼 형제.
(2) 하나씩 나뉘어 꺾이는 나뭇가지.		서로 돕는, 사이좋은 삼 형제.

(1)–서로 돕는, 사이좋은 삼 형제., (2)–서로 싸우는 삼 형제.

5. ⑤　6. 자매, 남매, 형제

7. ③ → ⑤ → ① → ④ → ②

49회 팽이와 공 142~145쪽

1. 팽이와 공　2. ③

3. (1) 서랍, (2) 쓰레기통 (속)

4. 홈통　5. ① ○, ② ×, ③ ×

6. ⑤　7. ⑤

---

6. 주제와 관련지어 생각해 본다.

7. ①, ②, ③도 이 글을 읽은 뒤에 느낄 수 있는 내용이다. 하지만 주제와 관련지어 생각하면, 가장 잘 읽은 것은 ⑤임을 알 수 있다.

50회 돈 자루, 떡 자루   146~149쪽

1. 부자, 머슴   2. ⑤   3. 머슴
4. ③   5. ④   6. ②   7. ⑤
8. ② → ④ → ① → ③ → ⑤

2. ⑤ 머슴은 떡 부스러기를 천 냥에도 팔지 않았다.
결국 돈 자루와 떡 부스러기 한 줌을 바꾸었다.

5. ④ 책은 '권'으로 센다. '필'은 말이나 소를 셀 때 쓰
는 낱말이다.

7. ② 조선 후기의 화폐 단위로는 '관, 냥, 전, 푼'이 있
었다. 1관은 10냥, 1냥은 10전, 1전은 10푼이었
다. 따라서 1냥은 100푼이다.
⑤ 이 글을 통해 알 수 있는 내용이 아니다.

52회 장님과 등불   154~157쪽

1. 장님   2. 등불   3. ⑤
4. ②   5. ④   6. ④

5. "제 앞에서 걸어오는 사람은 제가 장님인 줄 모르기
때문에 걸어오다 저와 부딪혀서 다칠 수 있습니다."
이 말을 통해 장님이 남을 배려할 줄 아는, 지혜로
운 사람이라는 것을 알 수 있다.

6. 5번 문제의 답과 관련지어 생각한다. ①, ②, ③,
⑤는 남을 배려하는 내용이지만, ④는 그것과는 관
계가 없다.

51회 금 구덩이, 은 구덩이   150~153쪽

1. (1) 제사, (2) 우두머리, (3) 한달음
2. ③   3. ⑤   4. ⑤   5. ②
6. ②   7. ③   8. ⑤

3. ⑤ 원숭이들이 형을 은 구덩이에 묻으려고 할 때,
형은 금 구덩이에 묻어 달라고 했다. 그러자 원숭
이들은 형을 땅속 구멍에 집어던졌다.

5. 형이 재산을 다 차지하고 동생을 내쫓았다. 그런데
얼마 안 되는 기간에 동생이 형편이 좋아졌다고 해
봐야 얼마나 돈을 벌었겠나 생각하며 비웃는 부분
이다.

53회 깃털 한 가닥   158~160쪽

1. 깃털   2. ③
3. 비둘기, 제비, 참새
4. ④   5. ⑤

2. ①, ④는 '공기의 움직임'이라는 뜻으로 쓰였다.
②는 '공기', ⑤는 '옷차림'의 뜻이다.
㉠과 ③은 뒷말의 '근거나 원인'을 나타내는 말로
쓰였다.

5. 이 글은 '말을 조심해야 한다'라는 주제를 담고 있다.

* 말 한마디에 천 냥 빚도 갚는다: 말만 잘하면 어려운 일
이나 불가능해 보이는 일도 해결할 수 있다는 말.